ANNELORE PAROT

J'APPRENDS À DESSINER

DES KOKESHI KAWAII

EN UN COUP DE CRAYON !

MARABOUT

SOMMAIRE

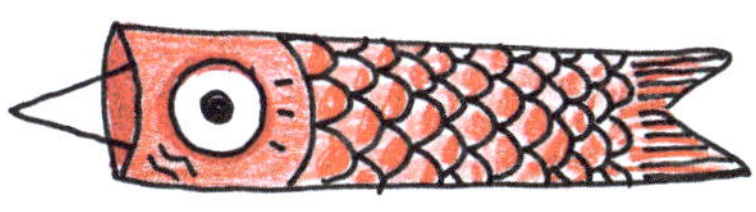

LES KOKESHI ET MOI

Un jour, j'ai dessiné une grosse tête ronde : un rond noir pour le tour, ensuite un trait « un peu plus bas que le milieu » pour séparer le rond en deux, et j'ai colorié le haut en noir comme le contour, j'ai dessiné le visage, deux petits ponts pour les yeux, un petit « u » pour la bouche, deux gros ronds roses pour les joues, j'ai ajouté deux rectangles noirs pour les cheveux. J'avais là le dessin de la tête, je l'ai posé sur un rectangle de tissus, et j'ai vu apparaître ma première... kokeshi !

Depuis, j'ai voyagé au Japon, découvert la culture japonaise et fait de nombreux livres sur le Japon.

Dans les ateliers que j'anime, j'entends souvent : « Je ne sais pas dessiner ! » Et je réponds que, quand on sait tenir un crayon, on sait dessiner. « Dessiner, c'est comme écrire avec des traits pas dans le même ordre ! »

En réalité je ne crois pas que l'on ne sache pas dessiner, il se peut juste qu'on ne sache pas par où commencer, que l'on ne sache pas quoi faire… Avec ce livre, je vous propose d'essayer à partir de formes simples et de vous lancer dans l'aventure du dessin !

AnneLore, c'est moi !

LE MATÉRIEL

Pour dessiner des kokeshi, vous n'avez pas besoin de beaucoup de matériel.

Un crayon à papier pour réaliser des traits de repère.
Sur les crayons à papier, il y a des lettres : H, c'est la dureté de la mine, et B, le gras. Si vous choisissez un crayon H, il sera sec, vous pourrez donc dessiner un trait léger (qui ne se voit pas beaucoup, mais en appuyant, on risque de creuser le papier) ; si vous choisissez B, le trait sera plus sombre, plus gras (et plus difficile à gommer !). En général, les crayons sont HB, c'est une moyenne, vous allez pouvoir vous en servir pour tracer des repères, alors n'appuyez pas trop et ça sera parfait !

Des crayons de couleur et des feutres.
Ils sont à utiliser pour colorier les dessins et faire des motifs. Attention, on commence toujours par passer les couleurs claires en premier, puis on applique les couleurs plus sombres.
Vous pouvez dessiner au feutre sans passer par un tracé préalable au crayon à papier. Pour cela, prenez un feutre noir fin pour le contour et un plus épais pour remplir les grandes surfaces.

Une gomme et un taille-crayon.

Un carnet ou des feuilles.

N'hésitez pas à vous exercer directement sur les pages blanches dans ce livre.

Un crayon à papier

Un taille-crayon

Une gomme

Un carnet pour dessiner
ou des feuilles

Un feutre noir fin

Un feutre épais

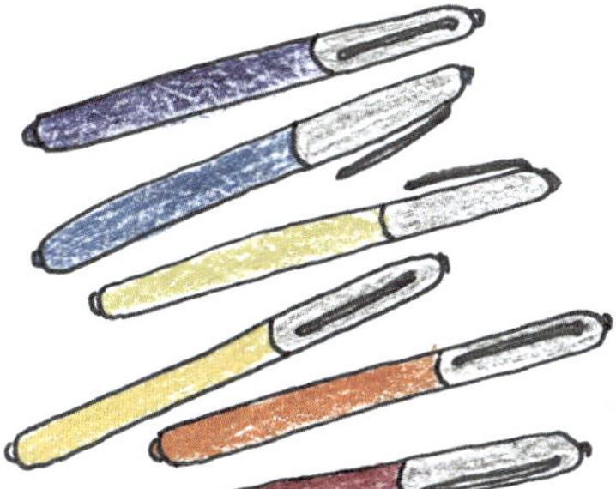

Des feutres

Des crayons de couleur

Les personnages

BASE DES KOKESHI

Avec un feutre noir fin

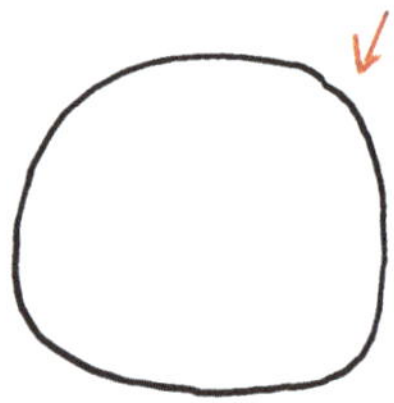

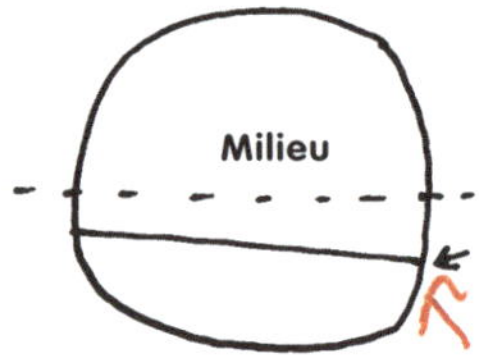

1. Pour dessiner une kokeshi, commencez par une « boule » (mais pas toute ronde).

2. Ensuite, tracez un trait plus bas que le milieu.

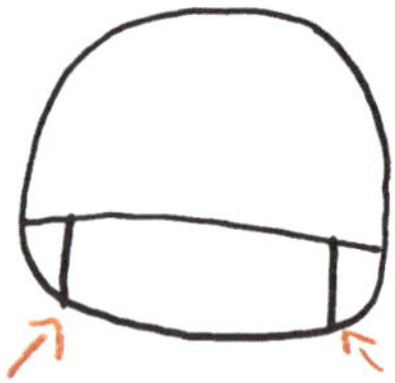

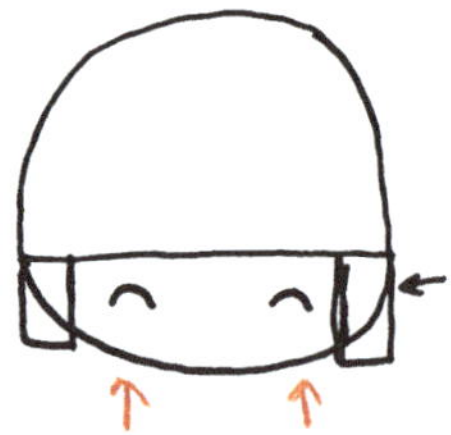

3. Puis deux traits de chaque côté pour les cheveux.

4. Dessinez les yeux (deux petits ponts !), et les cheveux (les traits de construction disparaîtront en coloriant en noir).

5. Entre les yeux, faites un petit point pour le nez et, juste en dessous, dessinez la bouche. Coloriez les cheveux avec un gros feutre noir.

6 Ajoutez les sourcils, puis dessinez un rectangle pour le corps.

7 Tracez la lettre Y pour faire le col du kimono (Y à l'envers pour les défunts).

8 Dessinez la ceinture (le obi), puis prolongez le Y en dessous pour finir le kimono.

9 De chaque côté du obi, ajoutez le morceau du dos. Dessinez les motifs, puis coloriez la kokeshi.

CHEVEUX

髪 KAMI

1

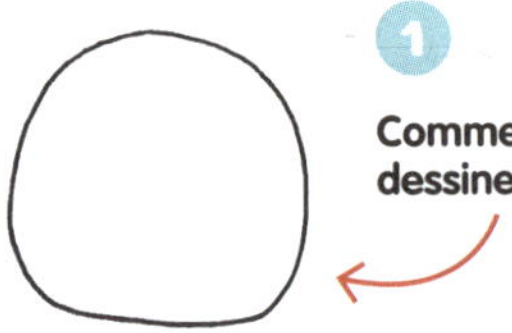

Commencez par dessiner une boule.

2

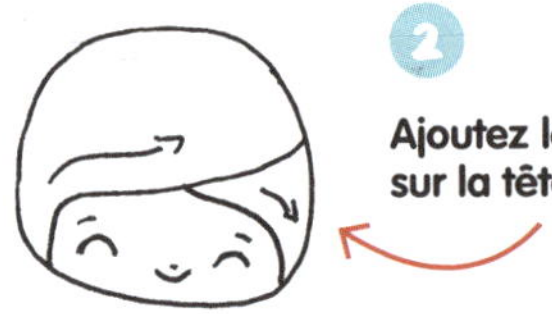

Ajoutez les cheveux sur la tête et le visage.

3 Amusez-vous !

ET VOUS COMMENT VOUS COIFFEZ-VOUS ?
本
AMAROU MOI

CHEVEUX

髪 KAMI

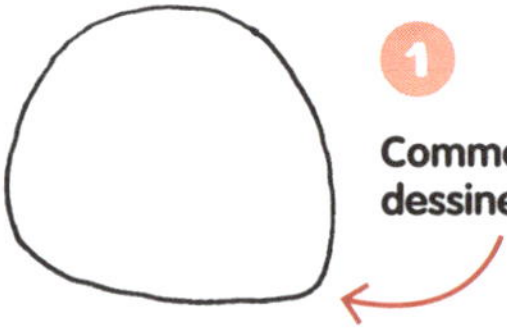

1 Commencez par dessiner une boule.

2 Ajoutez les cheveux sur la tête et le visage.

3 Amusez-vous !

ALLEZ-Y, DESSINEZ !

REGARDS

見える MIERU

CONTENT

EMBÊTÉ

FÂCHÉ

SURPRIS

APEURÉ

TRISTE

INQUIET

JOYEUX

MOQUEUR

DUBITATIF

REBELLE

APAISÉ

LANCEZ-VOUS !

ÉMOTIONS

感情 KANJŌ

JOYEUX

EMBÊTÉ

FÂCHÉ

SURPRIS

APEURÉ

TRISTE

INQUIET

CONTENT

MOQUEUR

DUBITATIF

REBELLE

APAISÉ

ET VOUS ?

BONNET

髪 KAMI

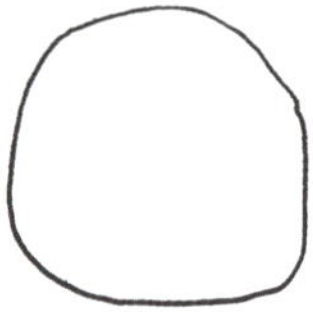

1 Commencez par dessiner une boule.

2 Ajoutez les cheveux, le bonnet et le visage.

3 Amusez-vous !

QUEL BONNET PRÉFÉREZ-VOUS ?

COIFFURES MIGNONNES

カワイイ髪型 KAWAĪ KAMIGAT

GRENOUILLE
KAIRU

CHAT
NEKO

OURS
KUMA

CHIEN
INOU

PANDA
PANDA

LION
LIO

ÉLEPHANT
ZOU

HAMSTER
HAMISTA

QUELLE COIFFURE PRÉFÉREZ-VOUS ?

MAMAN

お母さん OOASAN

FAMILLE OMADA

CRÉEZ ET COLORIEZ !

PAPA

教皇 KYOKO

FAMILLE OMADA

1

2

Faites les cheveux et les lunettes.

3

4

5

Coloriez.

ALLEZ, ESSAYEZ !

ENFANTS

子供 ODOMO

FAMILLE OMADA

AKIKO

JUN

TAIYÓ

CROQUEZ-LES !

AKi

秋 AUTOMNE

1

2

3

Ajoutez des petits U à l'envers pour dessiner les cheveux.

4

5

Coloriez.

C'EST À VOTRE TOUR !

SEIKO ET SON BÉBÉ

赤ちゃん AKACHAN

1

Commencez par les têtes.

2

Faites le corps de Seiko.

3

4

5

Dessinez la silhouette d'un lapin sur le kimono.

6

ESSAYEZ !

YUMI ET SA CEINTURE

帯 OBI

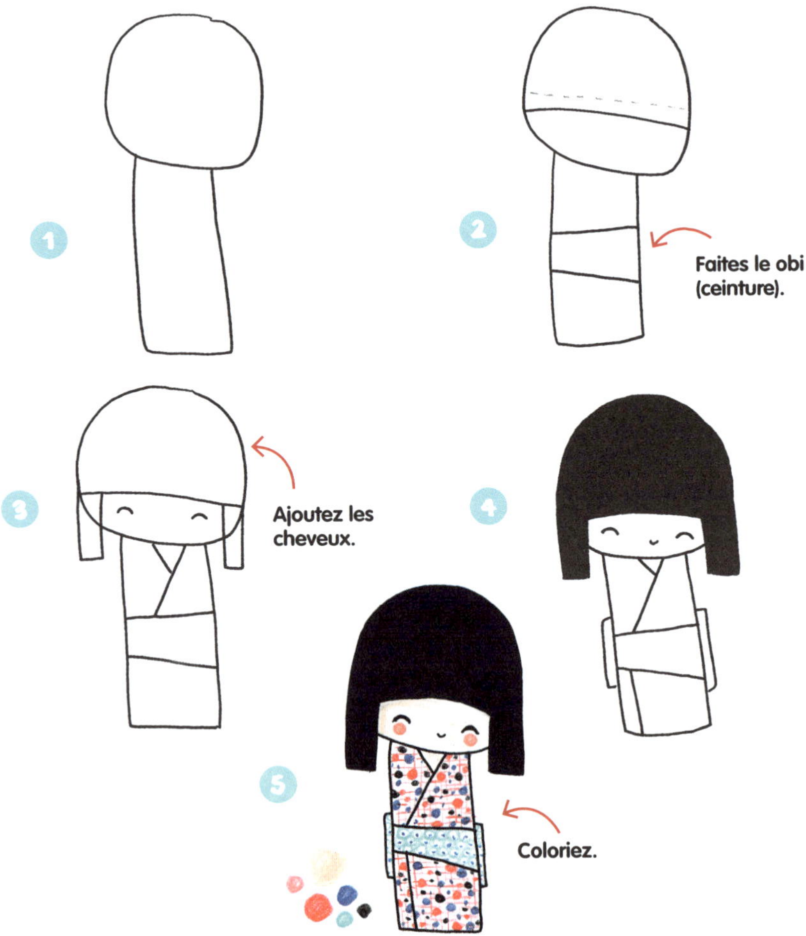

C'EST À VOUS !

EMIKO

EMIKO 恵美子 BELLE ENFANT
ÉCOLIÈRE 女子高生 DANSHI SEITO

N'oubliez pas de faire ses couettes.

Personnalisez son uniforme.

DESSINEZ ET COLORIEZ !

JUNKO

順 JOUNEKO

ÉCOLIER 女子高生 DANSHI SEITO

C'est le même uniforme que Danshi Seito !

LÂCHEZ-VOUS !

MIYUKI

美由紀 BELLE NEIGE

À VOUS MAINTENANT !

FRIDA

フリダ FURIDA

Dessinez le corps
et la tête.

1

2

3

Ajoutez des fleurs
dans ses cheveux.

4

5

Coloriez comme
vous voulez !

À VOTRE TOUR !

HARRY

ハリー HARĪ

1

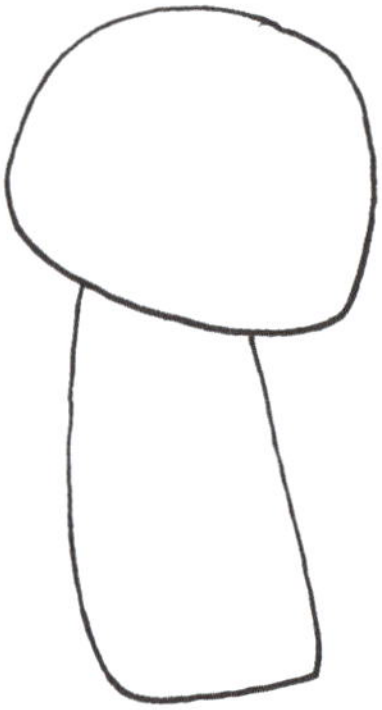

N'oubliez pas son écharpe !

2

3

4

Ajoutez des détails.

5

PAS BESOIN DE BAGUETTE MAGIQUE ! UNIQUEMENT DES CRAYONS !

MAKOTO ET SON KIMONO

着物 KIMONO

À VOUS DE JOUER !

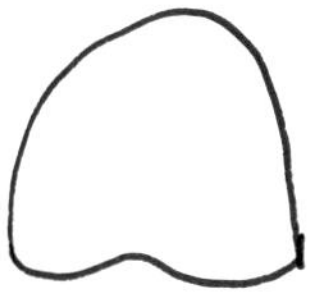

TAIYŌ

太陽 SOLEIL

1

2

Ajoutez
les détails
du visage.

3

4

Coloriez
ces cheveux
en noir.

5

ESSAYEZ POUR VOIR !

TAKERU

長 CHEF

PERSONNALISEZ SA ROBE EN CHANGEANT LES COULEURS.

TAKARA

宝 TRÉSOR

ESSAYEZ POUR VOIR !

YUME

夢 RÊVE

1
2
3
4
5
Dessinez un Y pour faire le kimono.
"Y"
6
Ajoutez les détails de ses vêtements.
7

LANCEZ-VOUS !

GRAND-MÈRE

お婆さん OBĀSAN

MAINTENANT, DESSINEZ-LA !

GRAND-PÈRE

祖父 SOFU

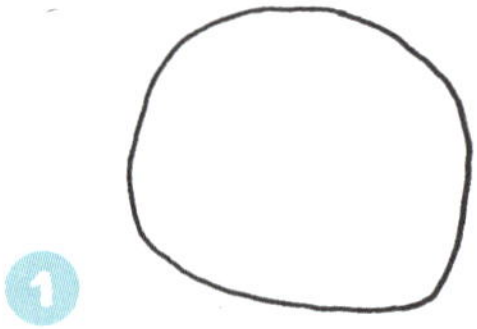

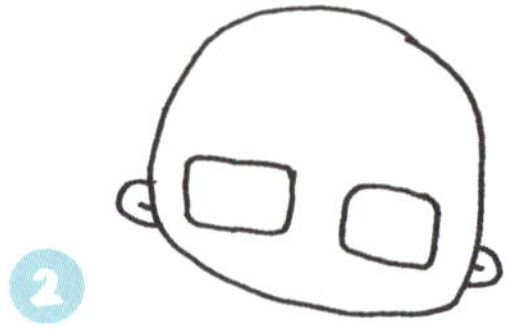

Dessinez des yeux dans les rectangles.

Faites les manches.

Ajoutez des rides.

DESSINEZ !

TOTORO

トトロ TOTORO

ALLEZ-Y, DESSINEZ !

CYCLOPE

キュクロプス CUCROPS

LÂCHEZ-VOUS !

ELFES

エルフ ERUFU

1

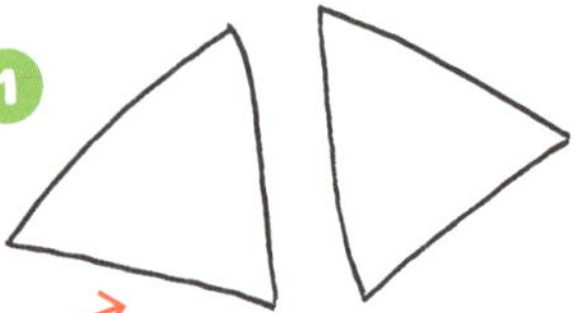

Commencez par tracer les chapeaux.

2

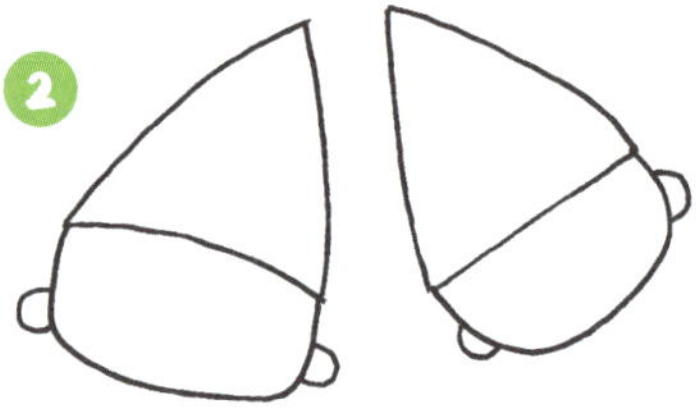

3

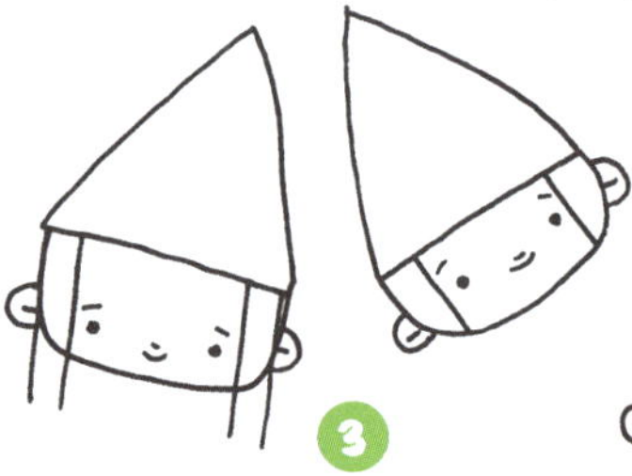

4

5

Ajoutez les détails des vêtements.

Coloriez.

6

AMUSEZ-VOUS AVEC LES COULEURS DE LEURS COSTUMES.

ZOMBIS

ゾンビ ZONBI

1

2

3

4

5

Réalisez le motif du kimono en 3 étapes.

6

7

Coloriez.

FAITES-VOUS PEUR !

DRACULA

吸血鬼 KYŪKETSUKI

LÂCHEZ-VOUS !

FÉE

妖精 YŌSEI

CRÉEZ LA FÉE DE VOS RÊVES !

PIRATE

海賊 KAIZOKU

MÊME PAS PEUR !

SIRÈNE

マーメイ MĀMEIDO

PERSONNALISEZ VOTRE SIRÈNE EN CHANGEANT LES COULEURS.

ROBOT

ロボット ROBOTTO

ALLEZ, ROULEZ !

HANA ET HINAKO

HANA 花 FLEUR

HINAKO 雛子 PETIT POUSSIN

1

Commencez par tracer les 2 têtes.

2

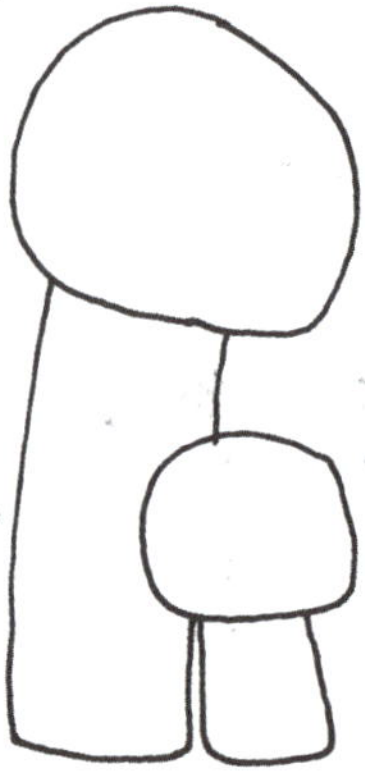

3

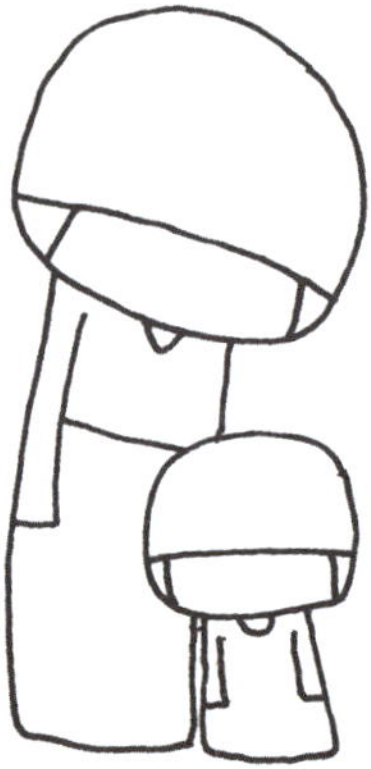

4

5

Ajoutez les détails.

6

CROQUEZ-LES !

TAKESHi

竹 BAMBOU

AU TRAVAIL !

FUYU ET SON CHAT

FUYU 冬 HIVER

CHAT 猫 NEKO

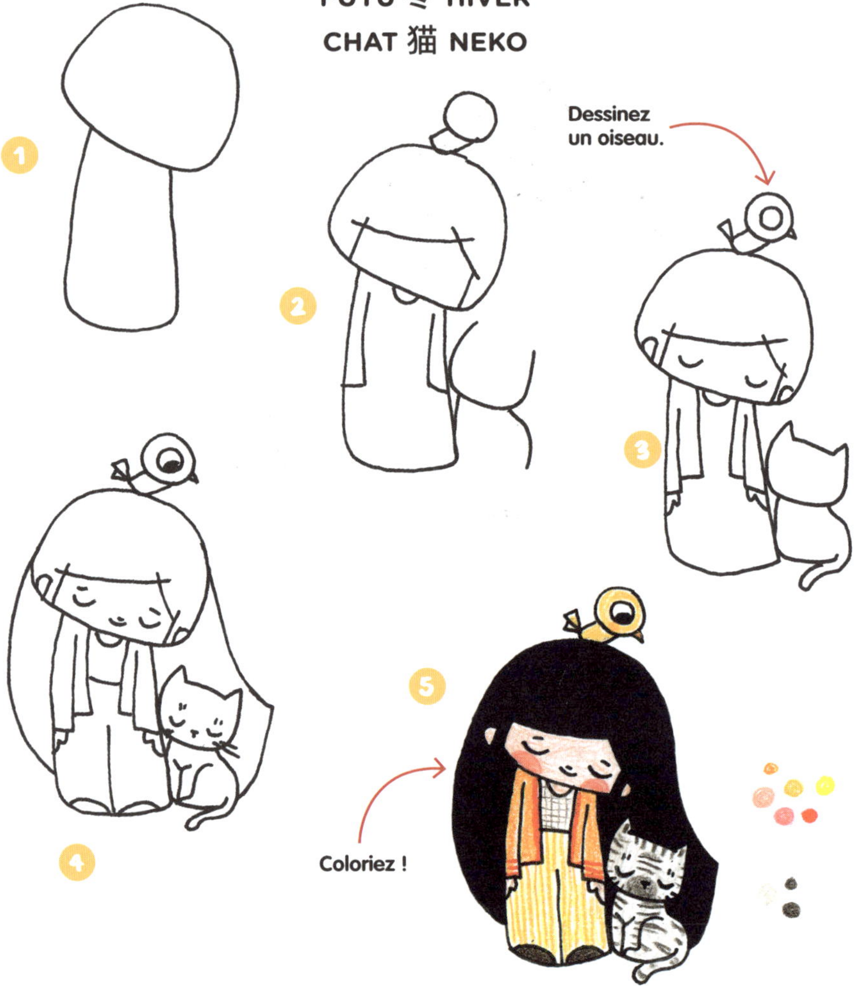

DESSINEZ-LES !

Les motifs/ Les textiles

MOTIFS 1

DESSINEZ UN TRÈFLE.

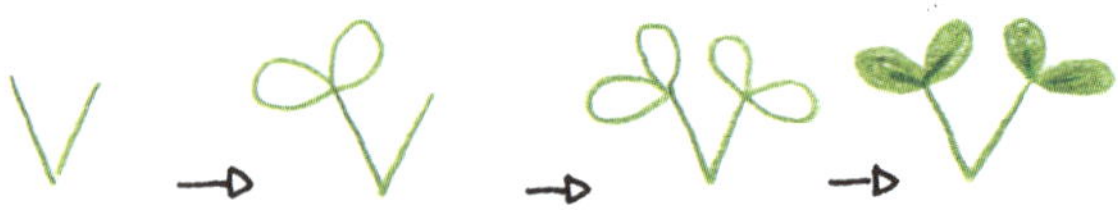

DESSINEZ UNE POIRE.

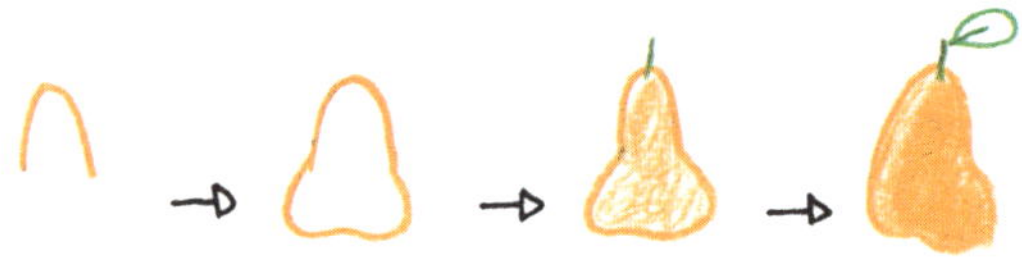

DESSINEZ UN LAPIN.

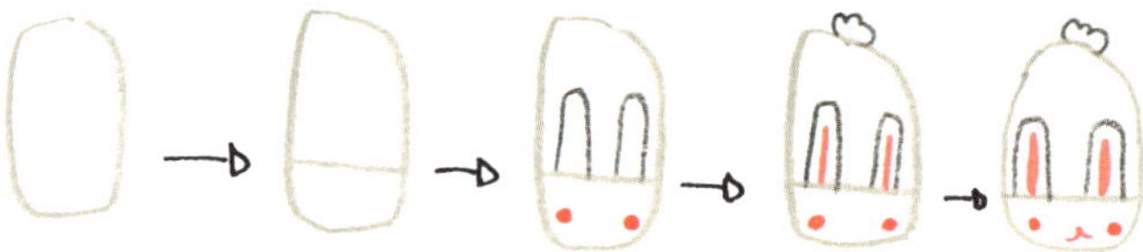

DESSINEZ DES CERISES.

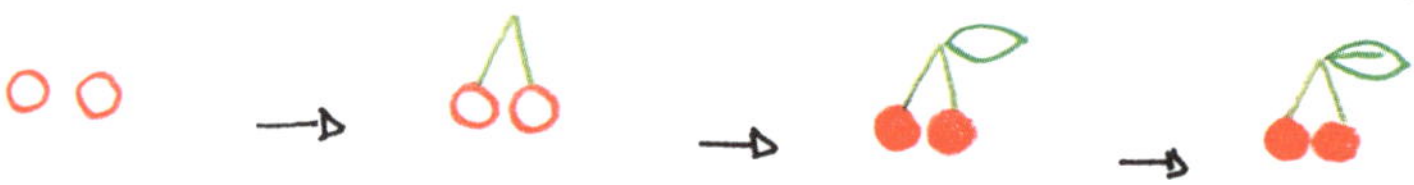

DESSINEZ UNE PYRAMIDE.

À VOUS DE GRIFFONNER !

MOTIFS 2

DESSINEZ UNE FLEUR.

DESSINEZ UNE TULIPE.

DESSINEZ UNE FLEUR DE SAKURA.

DESSINEZ UN COQUELICOT.

DESSINEZ UNE MARGUERITE.

À VOS CRAYONS !

MOTIFS 3

DESSINEZ UN TOURNESOL.

DESSINEZ UN NUAGE.

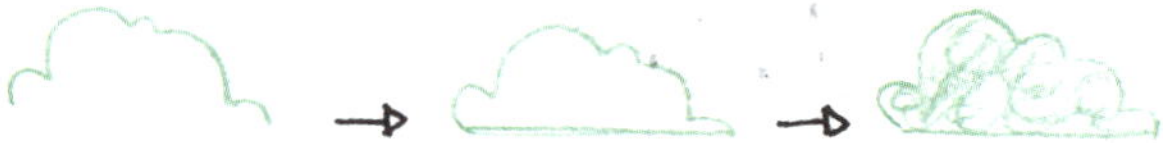

DESSINEZ UNE FEUILLE.

DESSINEZ UN PAPILLON.

DESSINEZ UN CHAMPIGNON.

ESSAYEZ !

MOTIFS 4

DESSINEZ UNE POMME.

DESSINEZ UN BALLON.

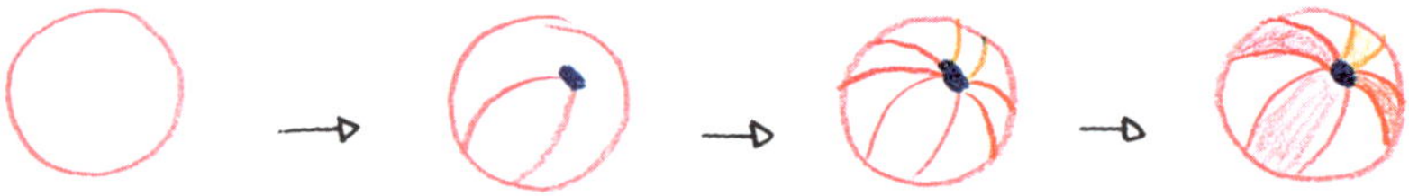

DESSINEZ UNE MONTAGNE.

DESSINEZ UNE FLEUR.

DESSINEZ UNE HERBE SAUVAGE.

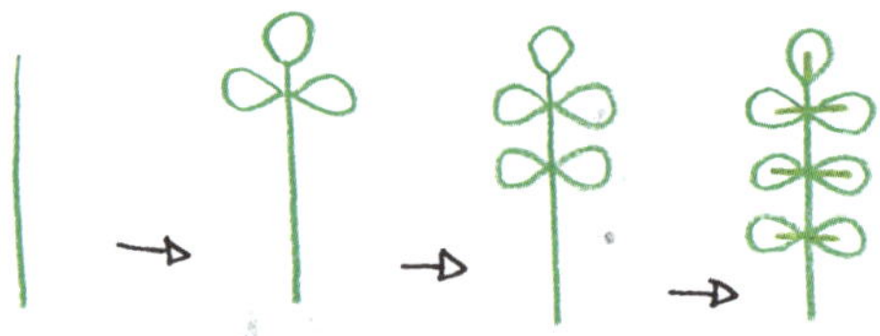

À VOS CRAYONS !

MOTIFS 5

DESSINEZ UN DARUMA.

DESSINEZ UNE GRAPPE DE RAISIN.

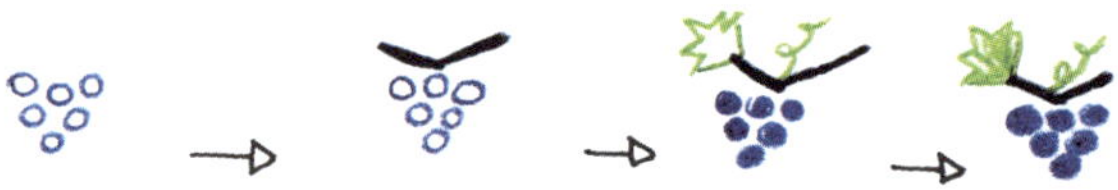

DESSINEZ DEUX BRINS DE MUGUET.

DESSINEZ UNE FRAISE.

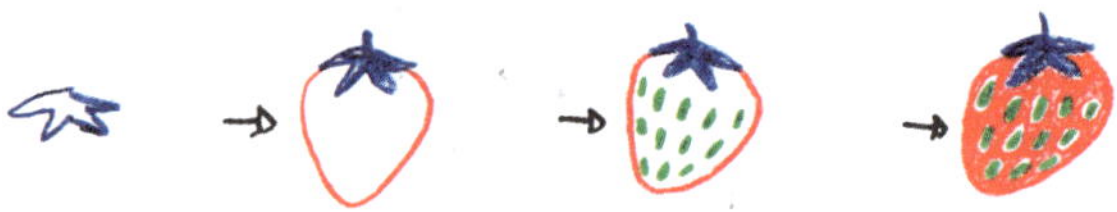

DESSINEZ UN CHAT.

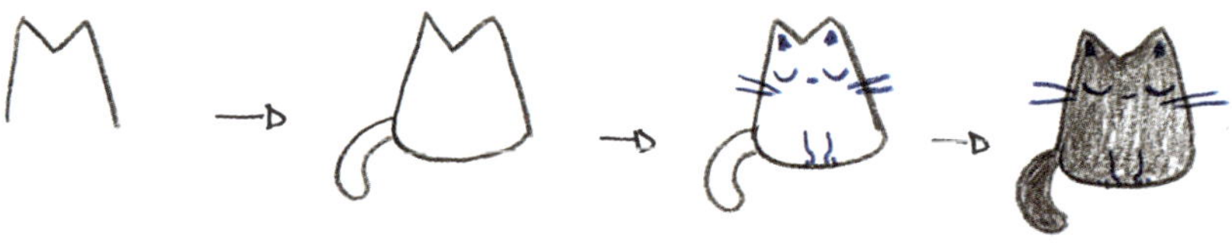

ESSAYEZ !

IMPRIMÉS 1

1

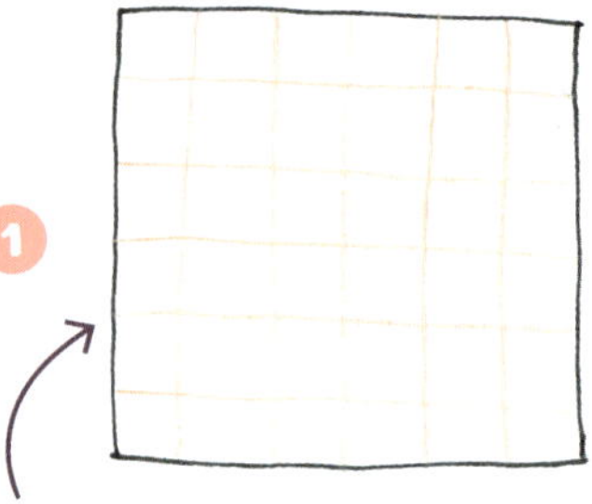

Dessinez un quadrillage.

2

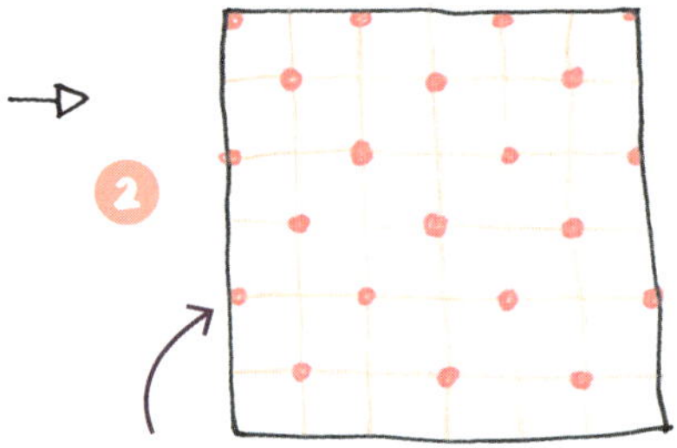

Faites des ronds sur les croisements en quinconce.

3

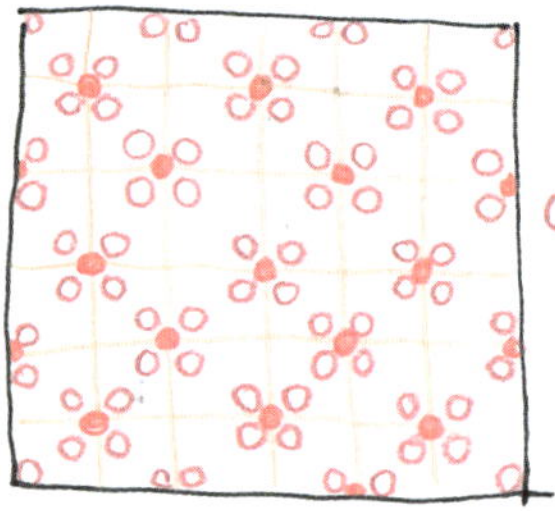

4

Ajoutez des détails pour réaliser des imprimés originaux.

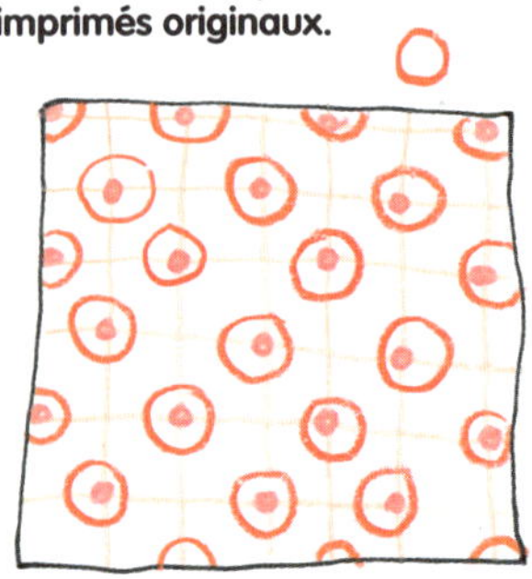

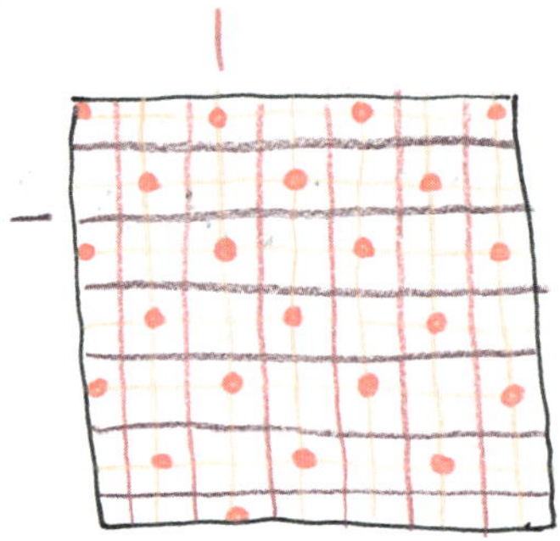

À VOUS DE CRÉER !

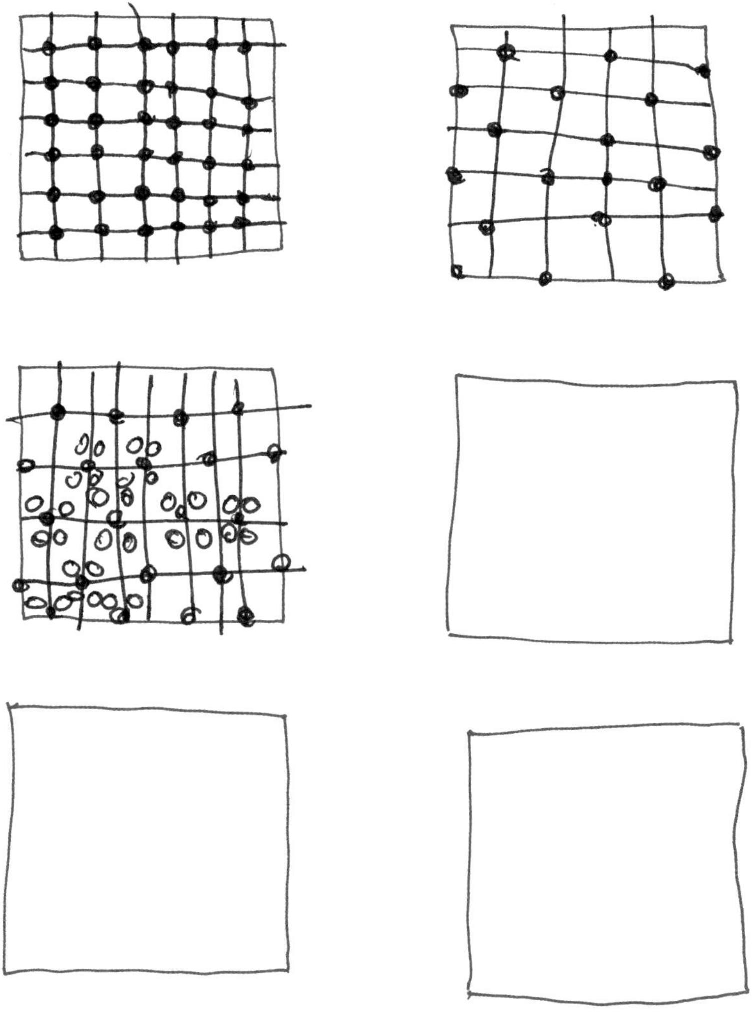

IMPRIMÉS 2

1

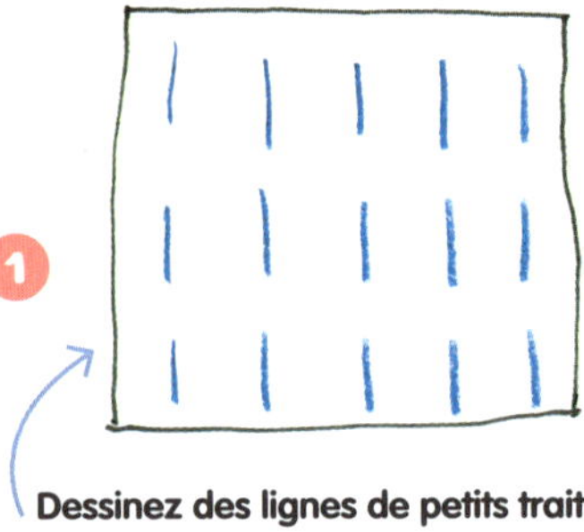

Dessinez des lignes de petits traits.

2

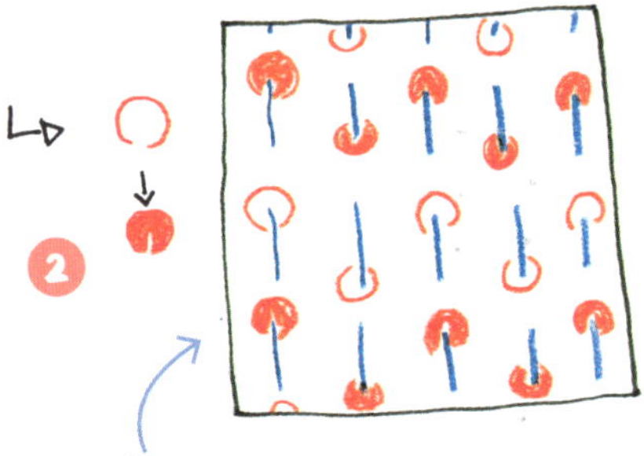

À partir de cet imprimé, ajoutez des ronds,

ou des bulles de toutes les couleurs,

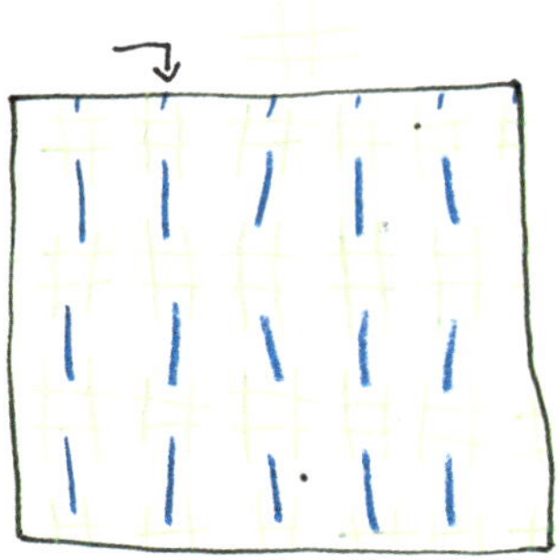

ou des petits traits verticaux,

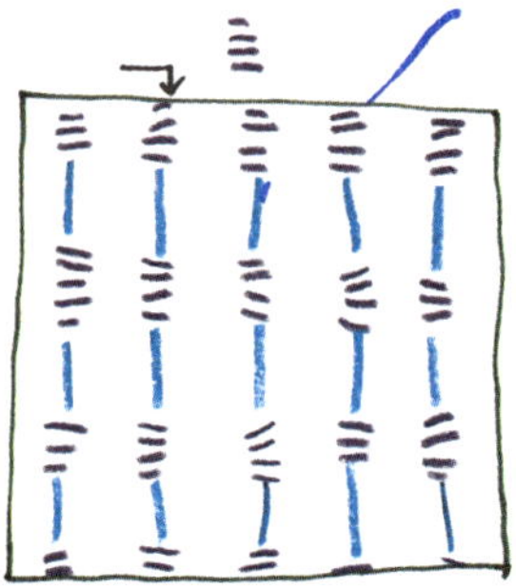

ou des petits traits horizontaux,

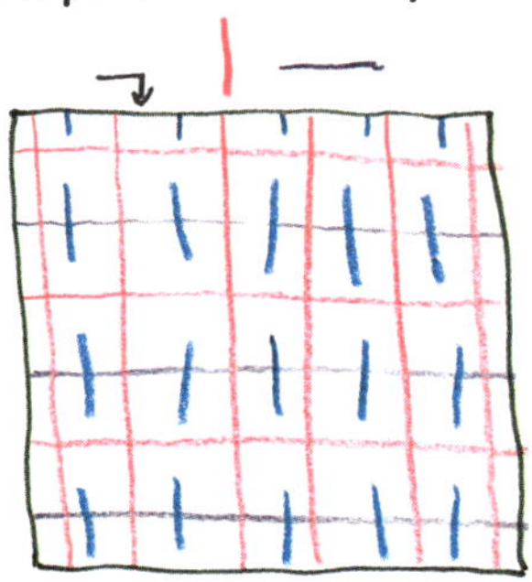

ou un quadrillage.

JOUEZ AVEC LES COULEURS !

IMPRIMÉS 3

1

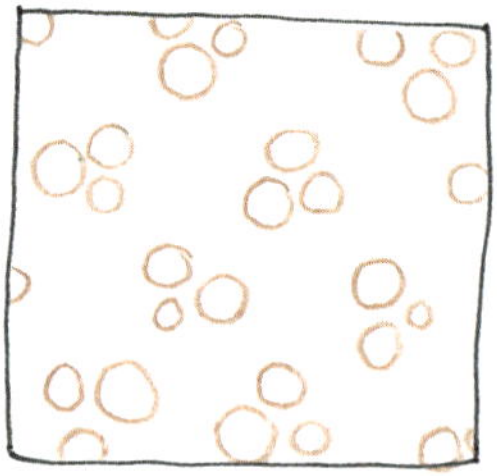

Dessinez des groupes
de cercles.

2

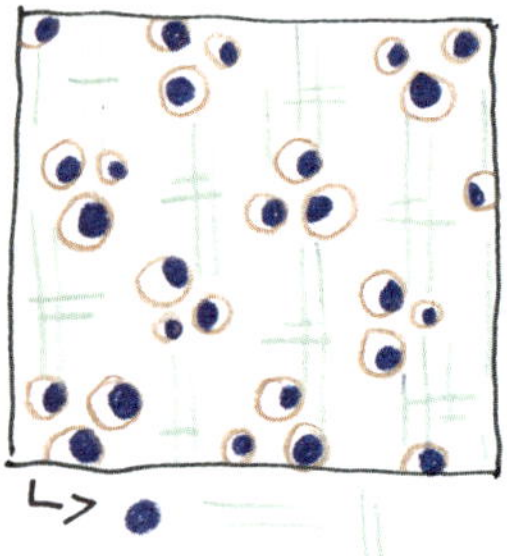

Ajoutez des ronds et des traits…

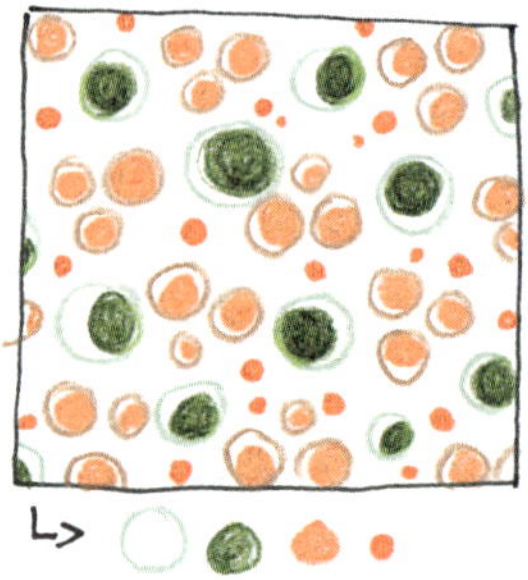

ou d'autres ronds de
couleurs différentes.

1

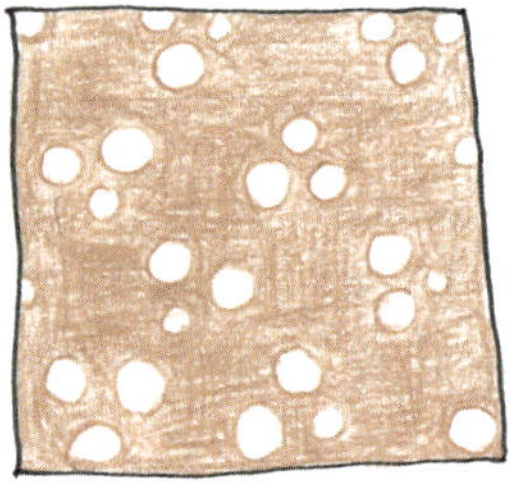

Coloriez le fond uniquement.

2

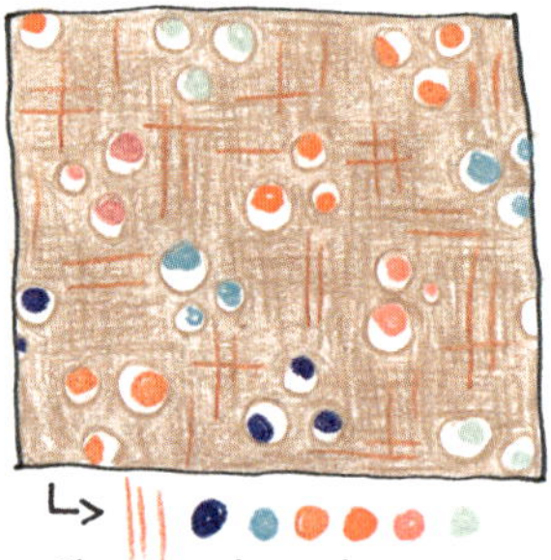

Changez de couleurs

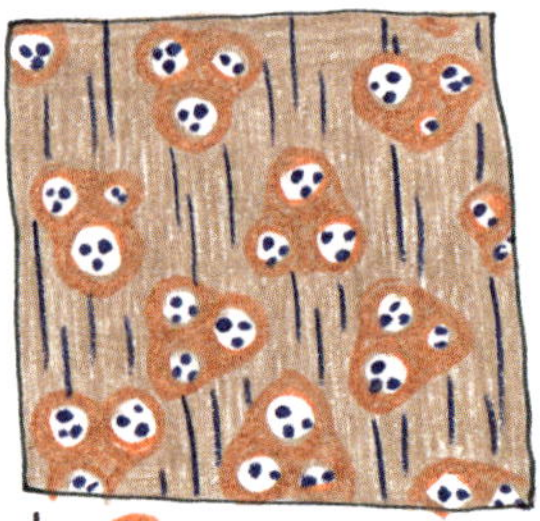

Ou faites de points
et des traits.

LANCEZ-VOUS !

IMPRIMÉS 4

À partir des motifs 2 et 3 (voir pages 88 et 90), créez des imprimés floraux.

LAISSEZ PARLER VOTRE IMAGINATION !

IMPRIMÉS 5

À partir des motifs 1, 4 et 5 (voir pages 86, 92 et 94), créez des imprimés kawaii.

Pour changer, coloriez le fond
avec une couleur claire… et dessinez !

À VOTRE TOUR !

IMPRIMÉS 6

Dessinez uniquement des cercles, des traits verticaux, horizontaux et obliques ou encore des croix pour faire des imprimés géométriques.

ALLEZ, ESSAYEZ !

IMPRIMÉS 7

Dessinez uniquement des vagues pour faire un imprimé traditionnel.

1

2

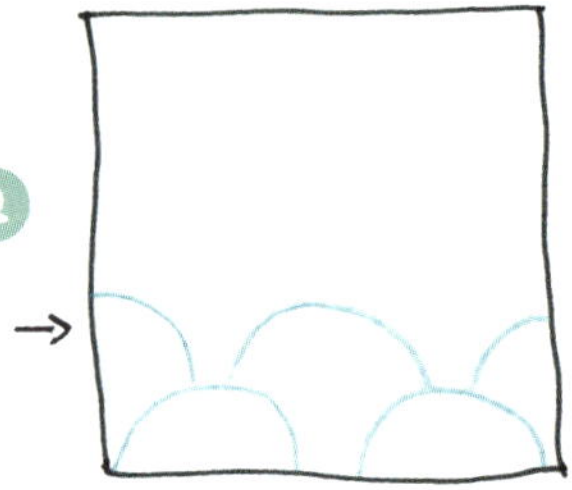

3

4

5

6

ALLEZ-Y !

IMPRIMÉS 8

Dessinez un imprimé abstrait.

1

2

3

4

5

6

DESSINEZ ET COLORIEZ !

Les animaux

PANDA

パンダ **PANDA**

1

2

3

4

ALLEZ, ESSAYEZ !

GRENOUiLLE

カエル KAERU

DESSINEZ !

OiSEAUX

鳥 TORI

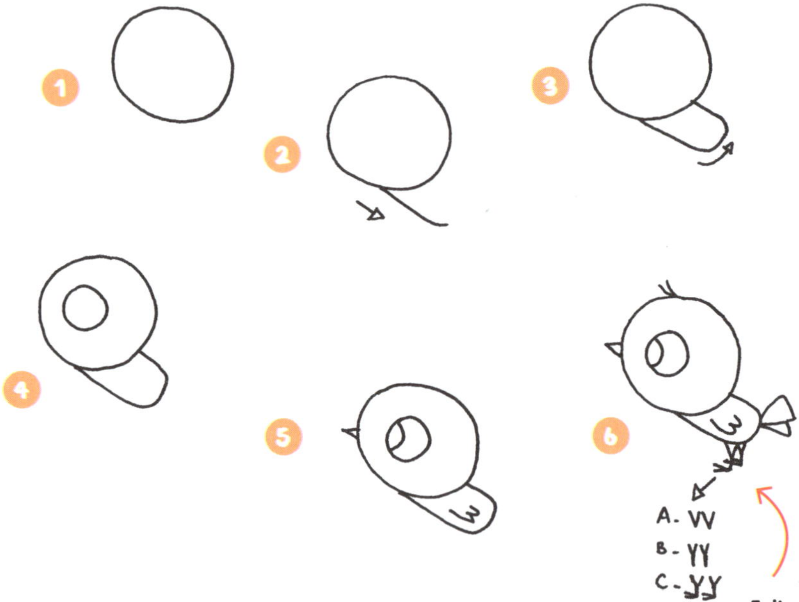

Faites les pattes en 3 étapes.

DESSINEZ-EN PLEIN !

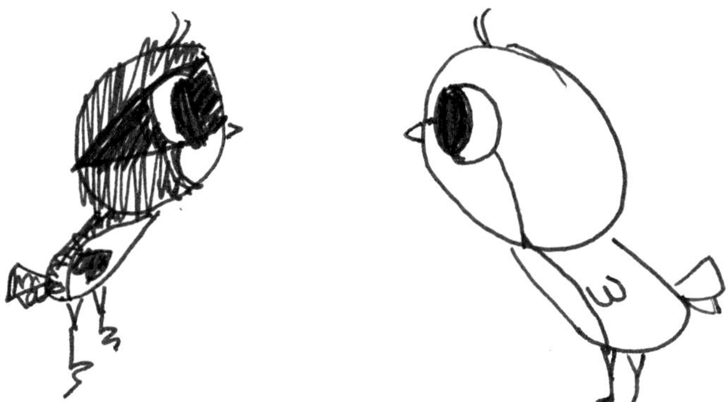

PiNGOUiN

ペンギ PENGIN

1

2

3

Faites un cœur coupé pour le visage.

4

5

ESSAYEZ VOUS-MÊME !

TIGRE

虎 TORA

C'EST VOTRE TOUR !

ZÈBRE

シマウマ SHIMAUMA

SANS LES RAYURES C'EST UN CHEVAL... ESSAYEZ !

SiNGE

猿 SARU

1
2
3
4
N'oubliez pas
la queue.
5
Dessinez
le museau
en 3 étapes.
A.
B.
C.
6

MAINTENANT, DESSINEZ-LE !

ÂNE

ロバ ROBA

ALLEZ-Y !

POULPE

たこ TAKO

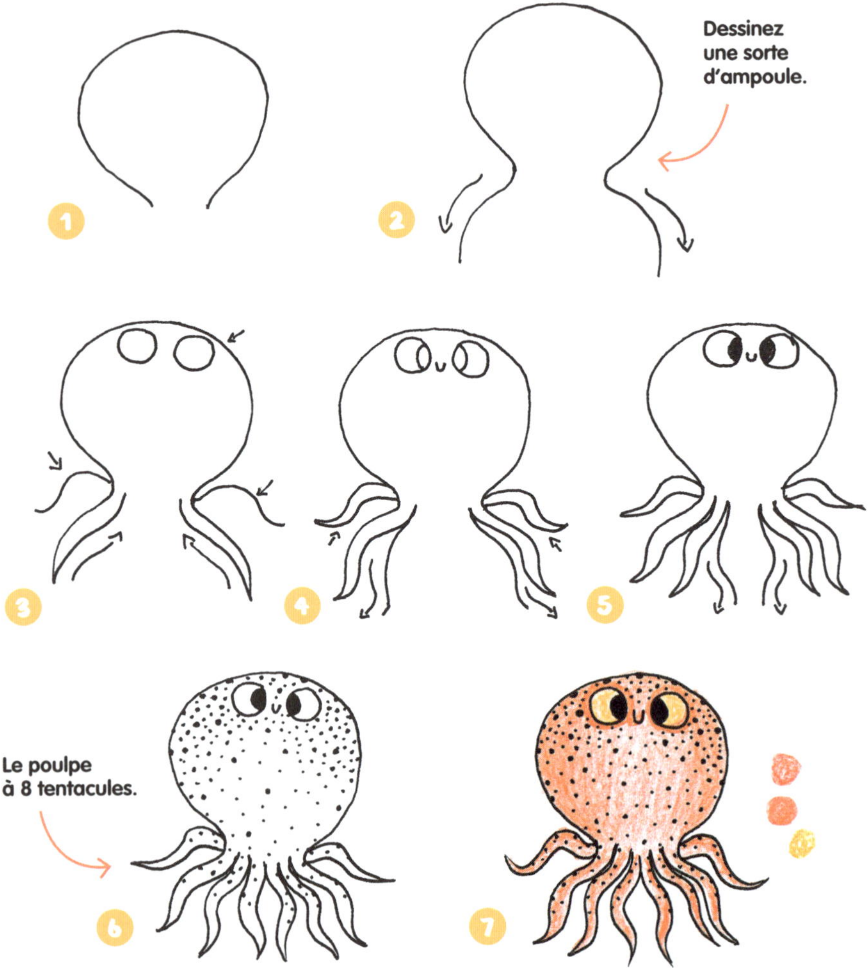

C'EST VOTRE TOUR !

CHAT

猫 NEKO

1

2

3

Tracez des moustaches.

4

Dessinez le museau en 3 étapes.

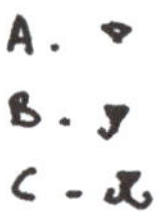

5

DESSINEZ ET COLORIEZ !

CHiEN

犬 INU

1

2

3

4

5

Dessinez le museau
en 4 étapes.

CRÉEZ VOTRE PETIT CHIEN !

LAPiNS

ウサギ USAGI

DESSINEZ-EN PLUSIEURS !

LOUP

狼 OKAMI

FAITES-VOUS PEUR !

HÉRiSSON

ハリネズ HARINEZUMI

1

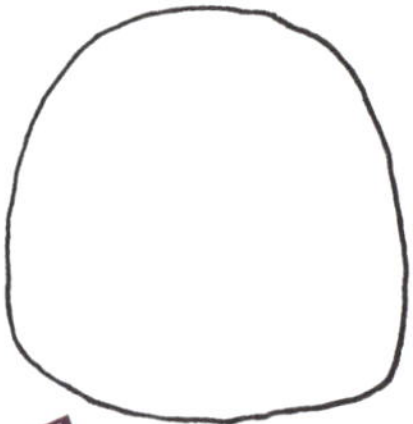

Dessinez une patate.

2

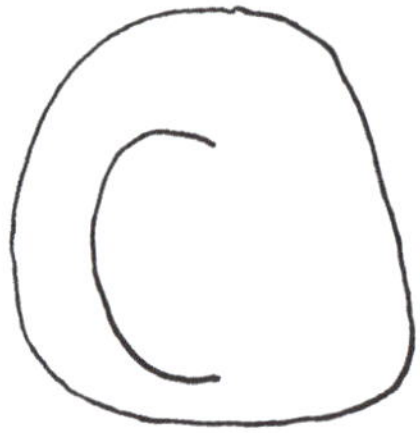

3

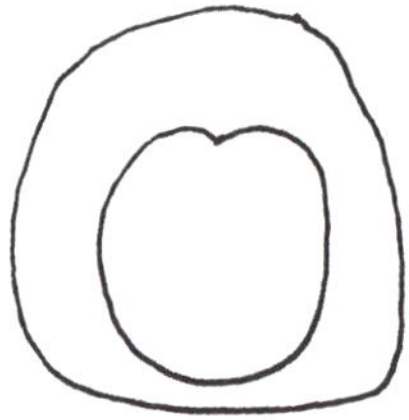

4

5

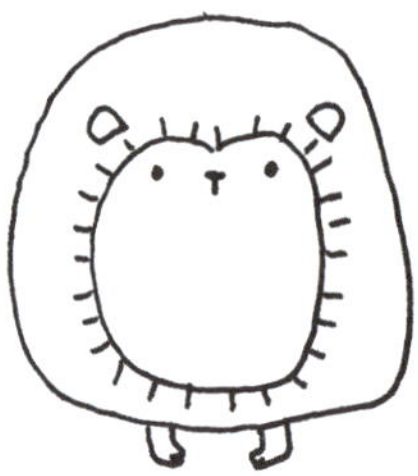

6

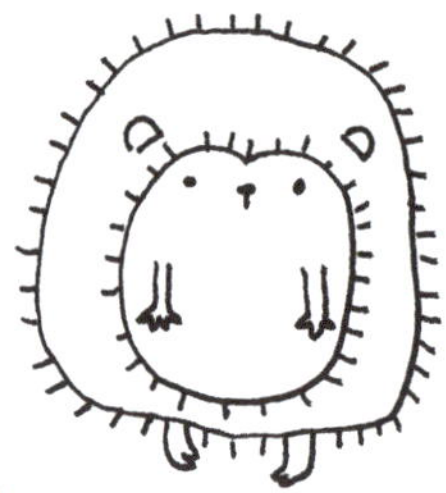

7

8

Coloriez.

ATTENTION,
IL PIQUE !

LICORNE

ユニコーン YUNIKŌN

DESSINEZ VOTRE LICORNE À VOUS !

DRAGON

ドラゴン DORAGON

1

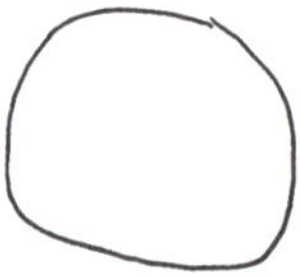

2

Dessinez l'œil en 4 étapes.

3

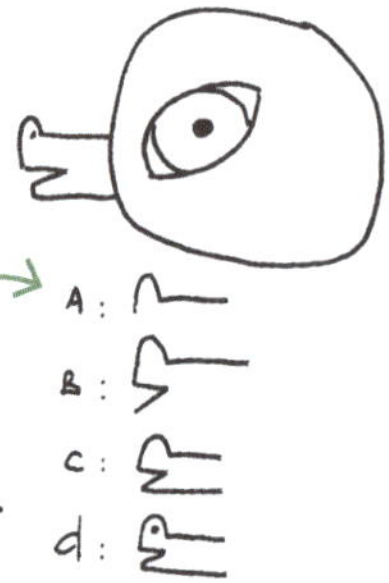

Tracez le museau en 4 étapes.

4

5

6

Coloriez.

VERT OU ROSE !
À VOUS DE CHOISIR !

COCHON

豚 BUTA

1

2

3

4

5

Coloriez.

6

CROQUEZ-LE !

LiON

ライオン RAION

GRIFFONNEZ-LE !

ÉLÉPHANT

象 zō

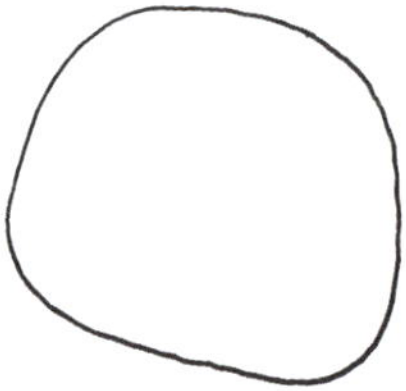

1

2

3

4

Formez un M pour faire les ongles.

5

POURQUOI PAS UN ÉLÉPHANT ROSE !

KOALA

コア KOARA

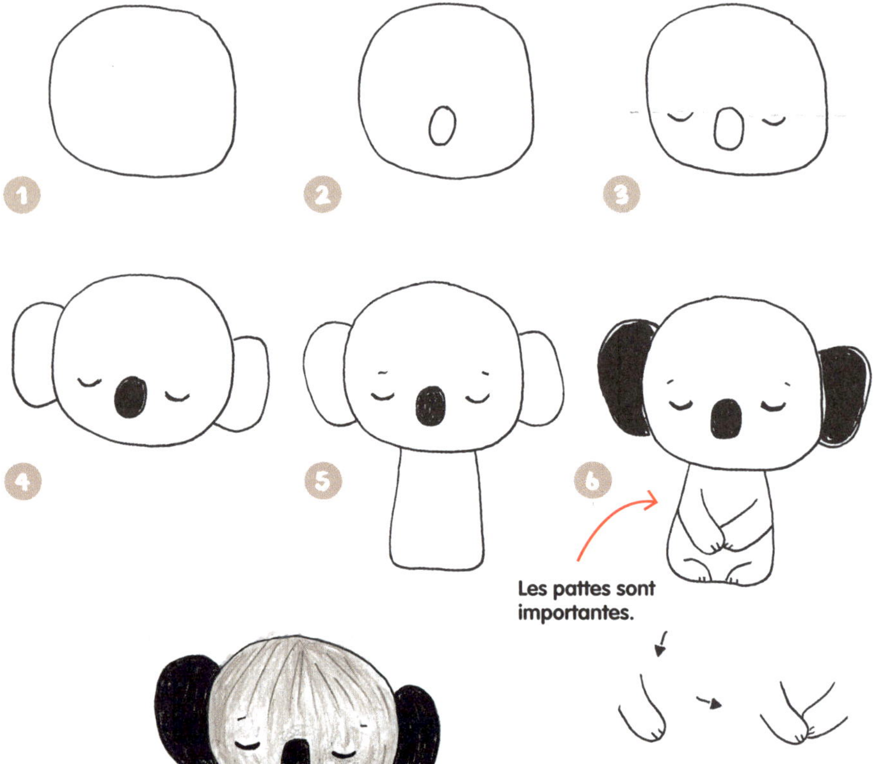

C'EST À VOUS !

RENARD

狐 KIZUNE

AU TRAVAIL !

Les décors

DARUMA

だるま

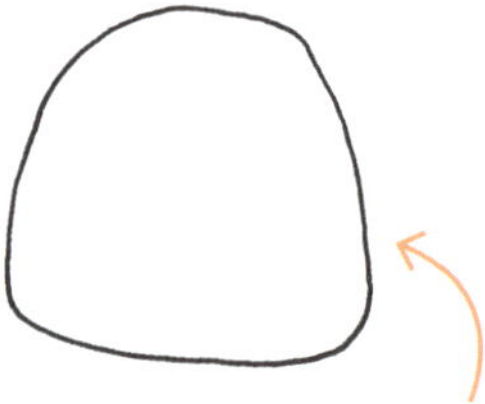

1

Formez une sorte de patate.

2

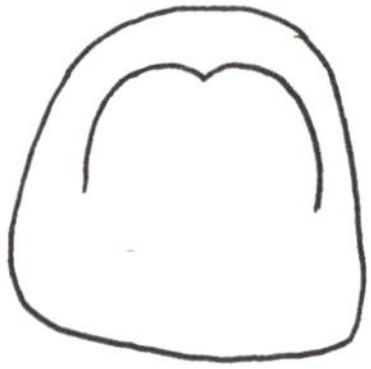

3

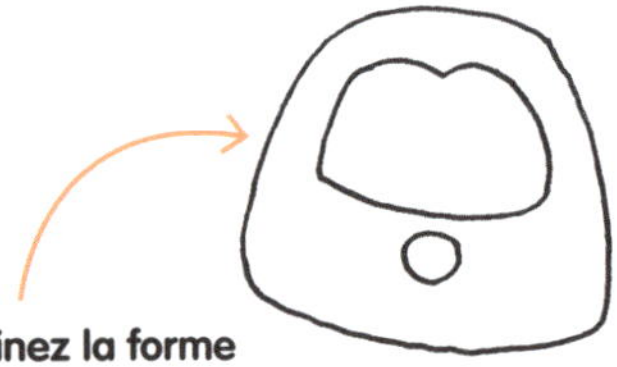

Dessinez la forme du visage.

4

5

6

Ajoutez les détails du visage.

7

8

ESSAYEZ VOUS-MÊME !

ÉVENTAIL

ファン FAN

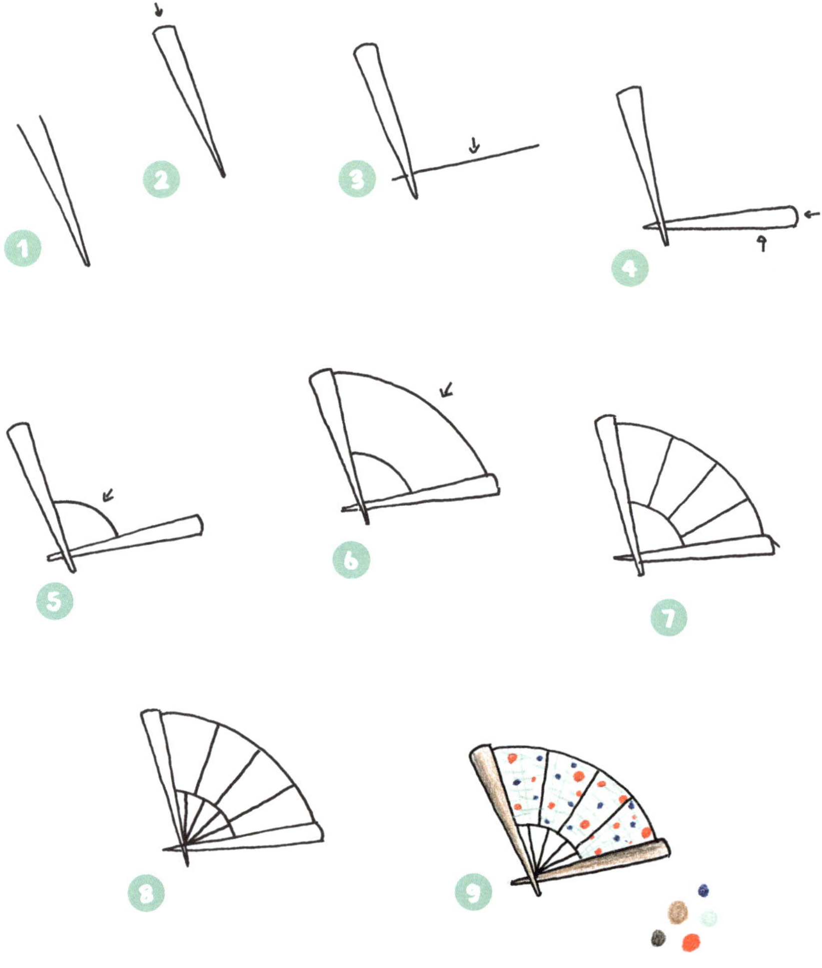

C'EST À VOTRE TOUR !

FLEURS

花 HANA

En changeant de petits détails, dessinez plusieurs sortes de fleurs.

Amusez-vous à les assembler de manières différentes pour composer des bouquets ou faire des guirlandes !

À VOS CRAYONS !

JiZO

地蔵

C'EST À VOTRE TOUR !

TORi

鳥

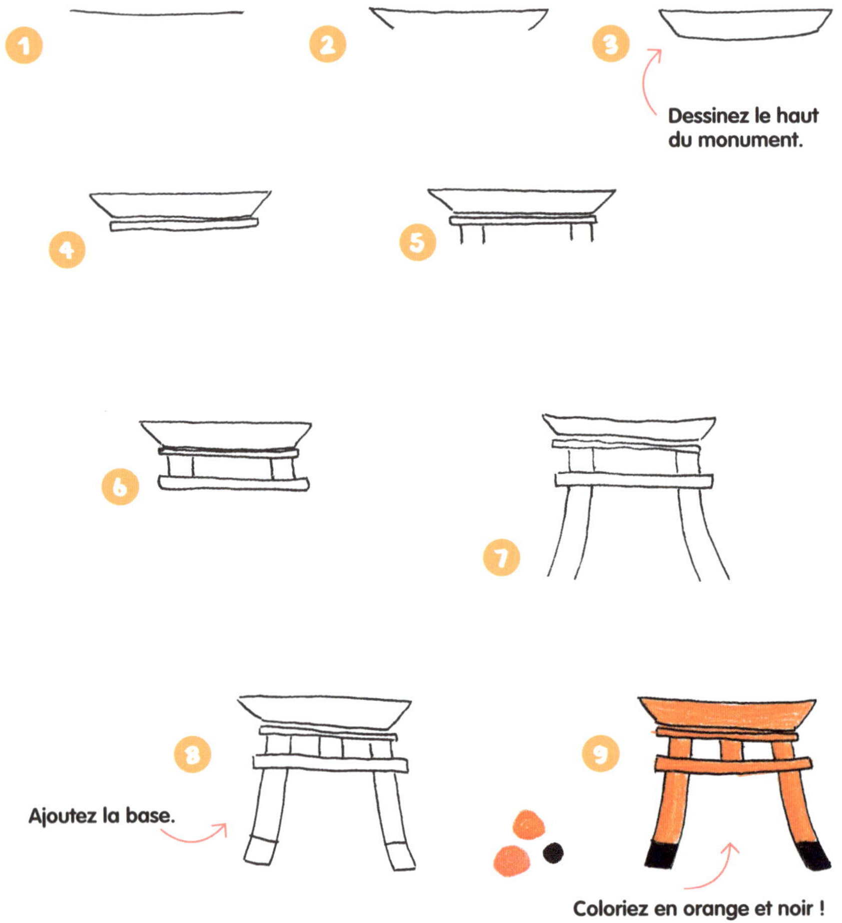
1
2
3
Dessinez le haut du monument.
4
5
6
7
8
Ajoutez la base.
9
Coloriez en orange et noir !

CRÉEZ ET COLORIEZ !

FLEURS DE CERISIER

桜 SAKURA

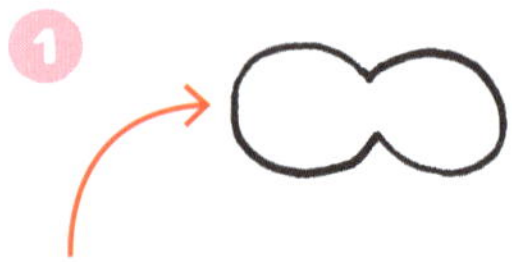

Faites un 8 couché.

Dessinez des traits
pour faire les pistils.

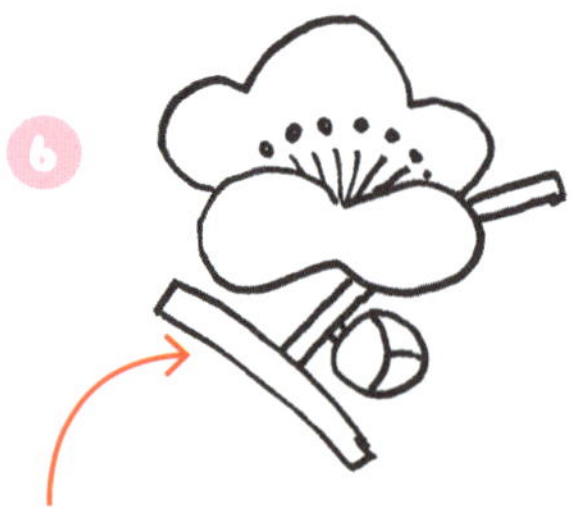

Ajoutez une petite branche.

Coloriez !

C'EST VOTRE TOUR !

CÉRÉMONIE DU THÉ

茶道 SADŌ

DESSINEZ ET COLORIEZ !

MANEKI NEKO

招き CHAT

1

2

3

Tracez une sorte de patate.

Ajoutez les yeux et le museau en forme de W à l'envers.

4

5

6

Dessinez les pattes en 4 étapes.

7

C'EST UN PORTE-BONHEUR. DESSINEZ-EN PARTOUT !

BOUILLOIRE

急須 KYŪSU

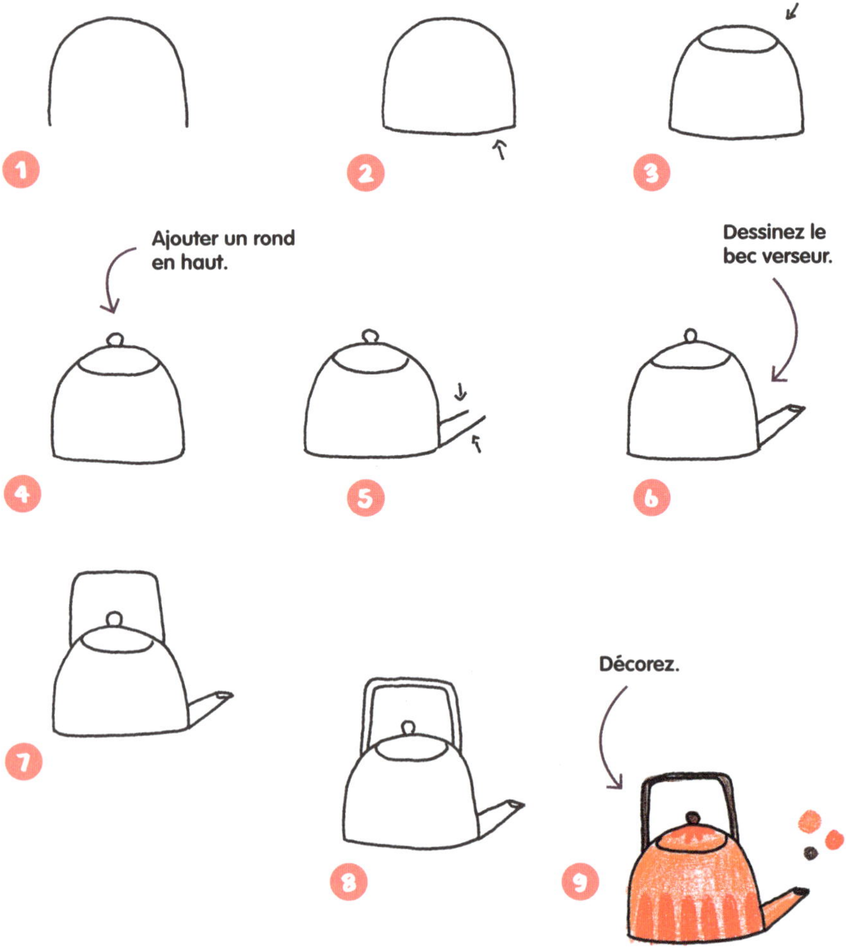

DESSINEZ !

NUAGES ET MONT FUJi

NUAGES 雲 KUMO

MONT FUJI 富士山 FUJISAN

1

2

3

4

5

6

1

2
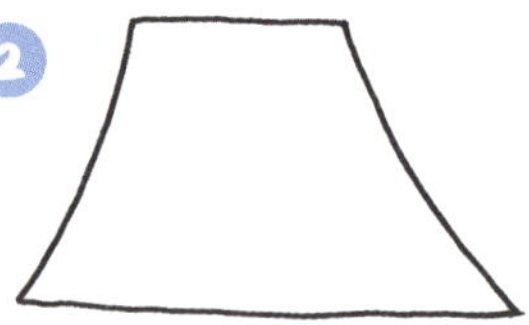
3
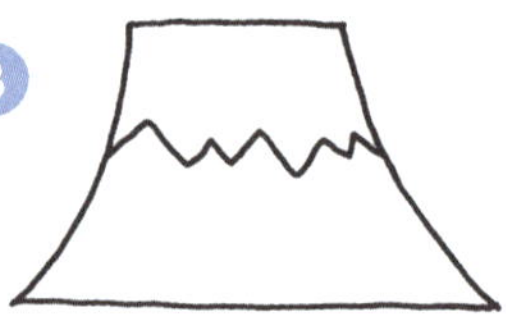
4

DESSINEZ-LES !

MANCHE À AIR

のぼり KOINOBORI

1

2

3

4

Dessinez un œil.

5

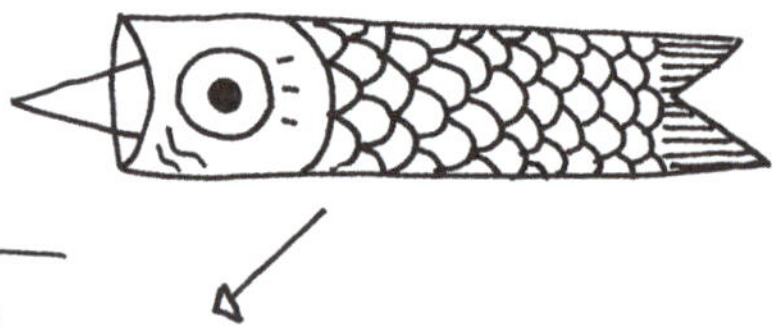

Tracez les écailles
en 3 étapes.

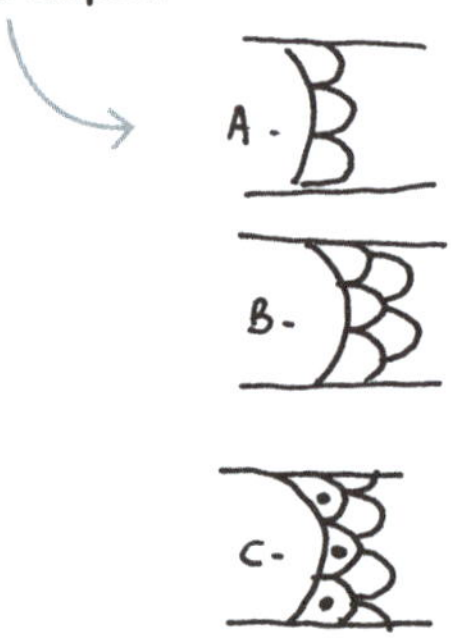

6

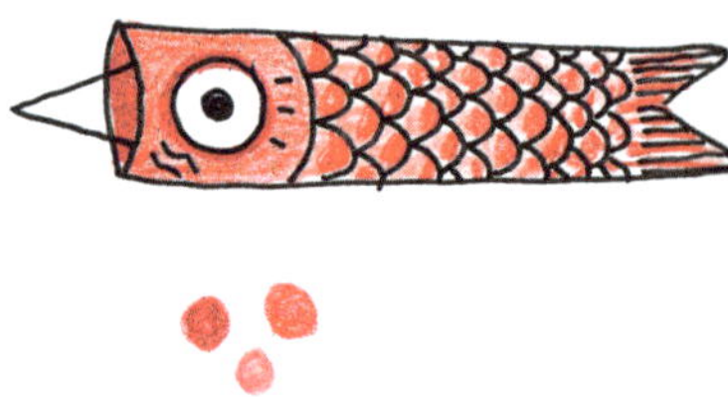

ALLEZ-Y !

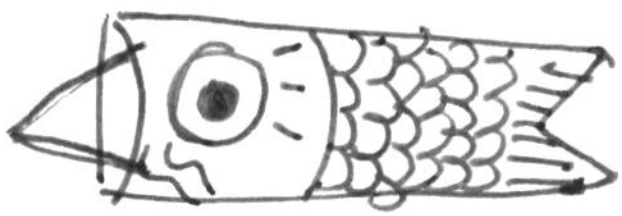

CERISIER

桜 SAKURA

MAINTENANT,
DESSINEZ-LE !

BONSAÏ

盆栽 BONSAI

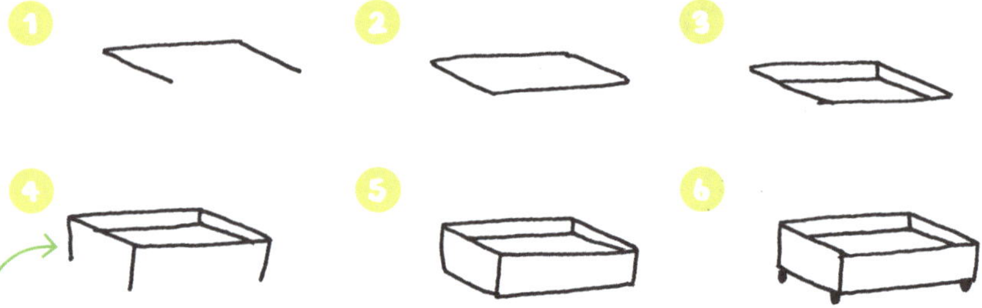

Réalisez un pot rectangulaire.

Dessinez un tronc.

Ajoutez des fleurs ou des feuilles.

C'EST À VOTRE TOUR !

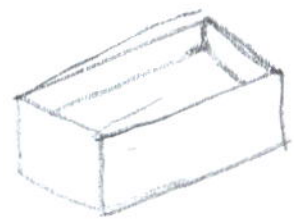

PLANTE EN POT

鉢植 HACHIUE

1

Commencez à réaliser le pot.

2

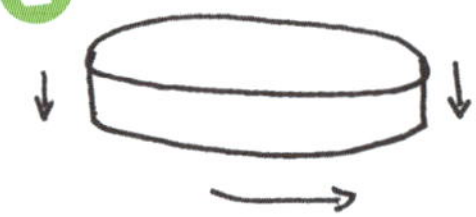

3

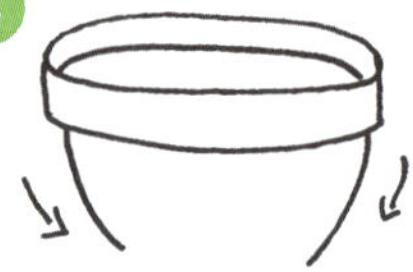

4

5

Ajoutez un tronc et des branches.

6

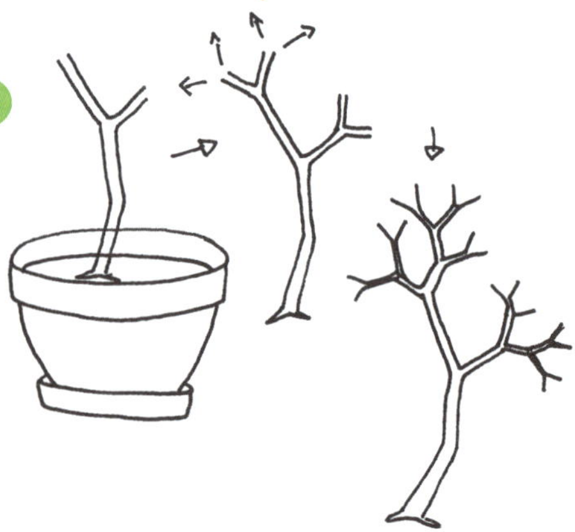

Finissez en dessinant les feuilles.

7

DESSINEZ VOTRE PLANTE PRÉFÉRÉE !

BOUQUETS

生花 IKEBANA

OFFREZ DES FLEURS !

PLANTES GRASSES

多肉植物 TANIKUSHOKUBUTSU

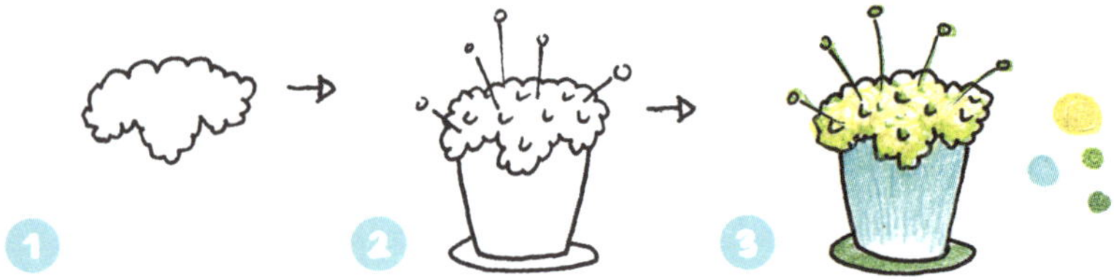

C'EST VOTRE TOUR !

PLANTES VERTES

緑の植物 MIDORI NO SHOKUBUTSU

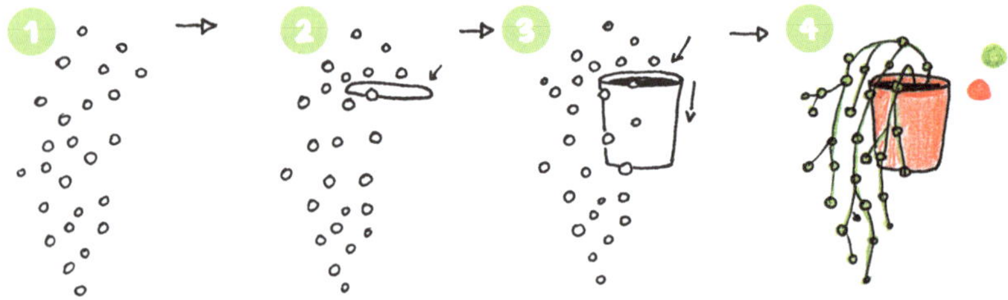

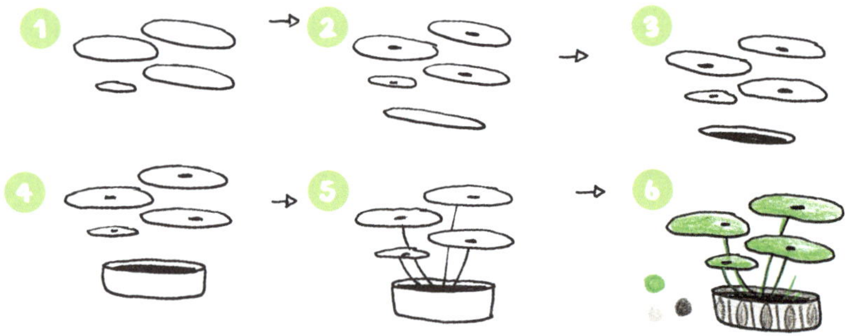

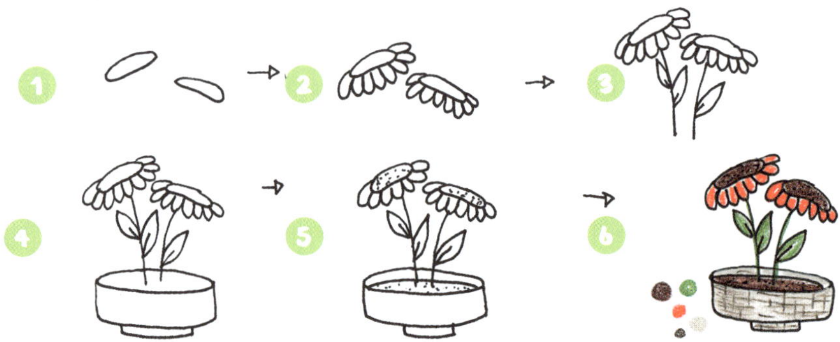

ESSAYEZ POUR VOIR !

PLANTES KAWAÏ

かわいい植物 KAWAĪ SHOKUBUTSU

GRIFFONNEZ-LES !

ARBRE

木 KI

1

Commencez par tracer
3 bouquets de feuillages.

2

3

Dessinez
des branches.

4

5

Ajoutez des détails.

6

ESSAYEZ VOUS-MÊME !

ARROSOIRS

じょうろ JŌRO

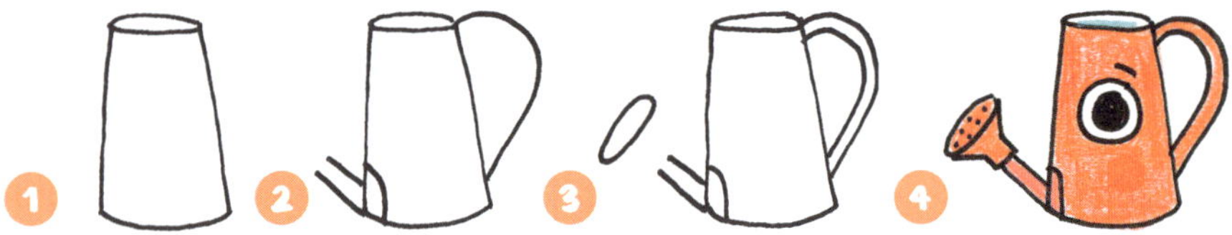

AMUSEZ-VOUS !

MEUBLE

家具 KAGU

1

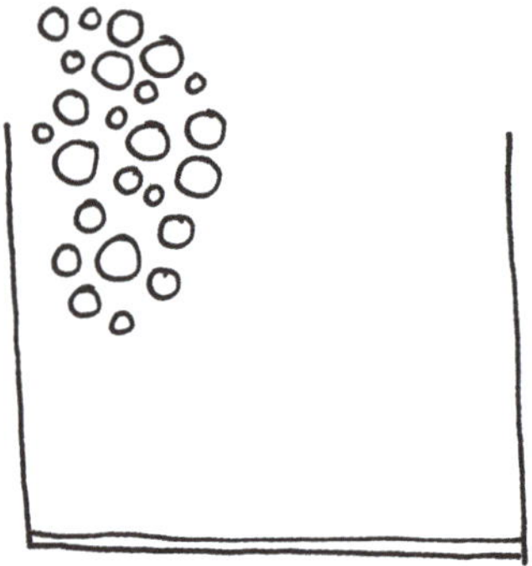

2

3

Décorez.

4

ESSAYEZ TOUTES SORTES DE DÉCORATIONS !

ARMOIRE

戸棚 TODANA

1

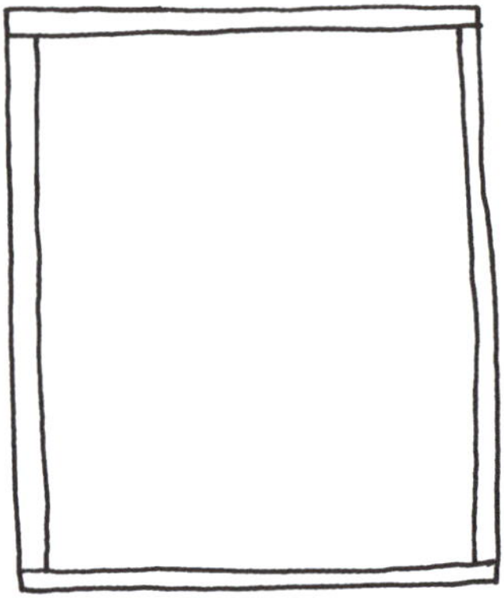

2

Ajoutez des détails.

3

4

Coloriez !

DESSINEZ !

ÉTAGÈRE

棚 TANA

1

2

Ajoutez les pieds et les étagères.

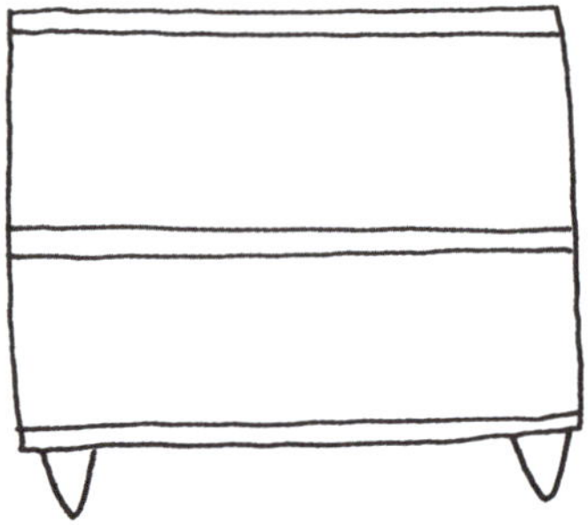

3

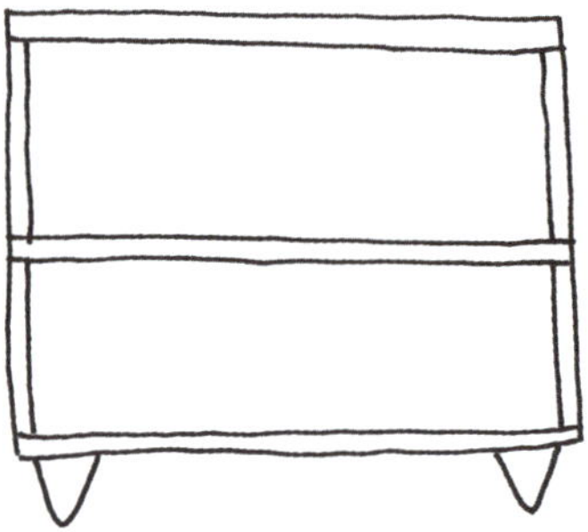

4

5

6

Décorez des livres et des jouets.

À VOTRE TOUR !

PETITE TABLE

小さいテーブル CHĪSAI TĒBURU

DESSINEZ ET COLORIEZ !

COMMODE

ドレッサー DORESSĀ

1

Finissez la commode en ajoutant les pieds et les poignets.

2

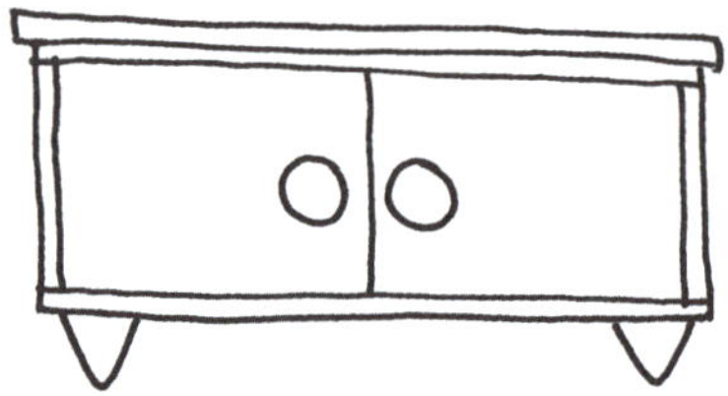

3

4

Dessinez des objets sur le dessus de la commode.

5

ALLEZ, DESSINEZ-LA !

VALISE

トラベルバッグ TORABERU BAGGU

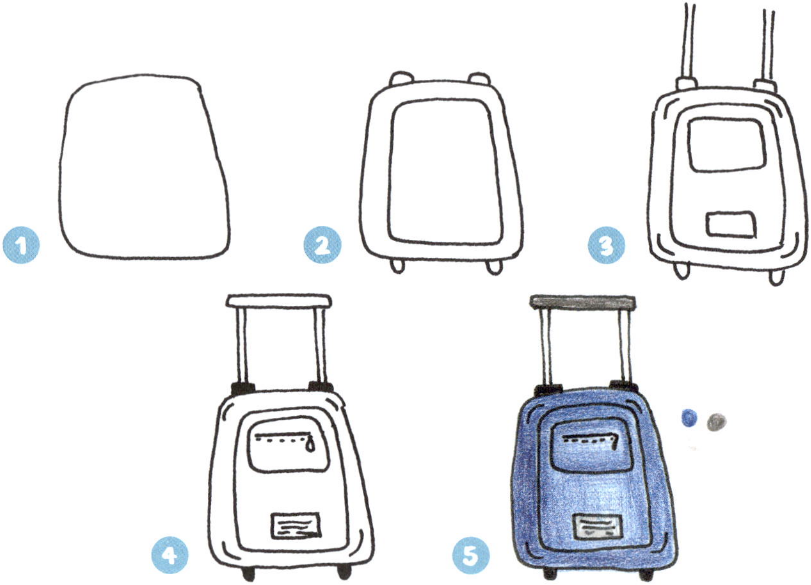

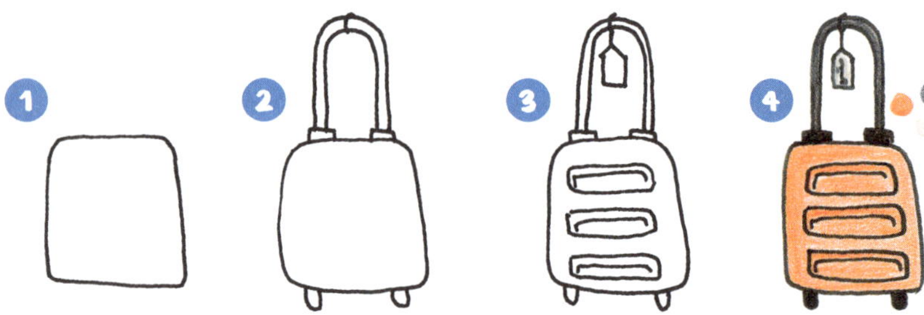

C'EST PARTI !

VÉLO

自転車 JITENSHA

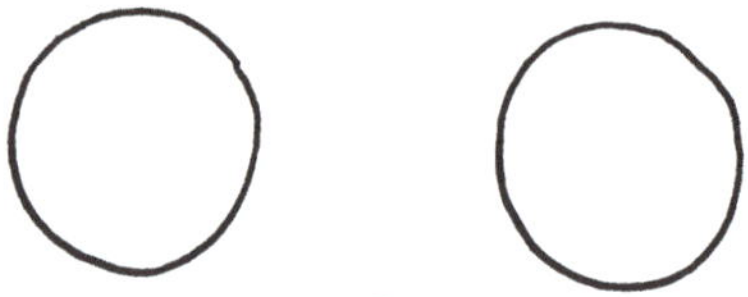

1

2

3

4

5

6

ALLEZ, ROULEZ !

LAMPES

ラン RANPU

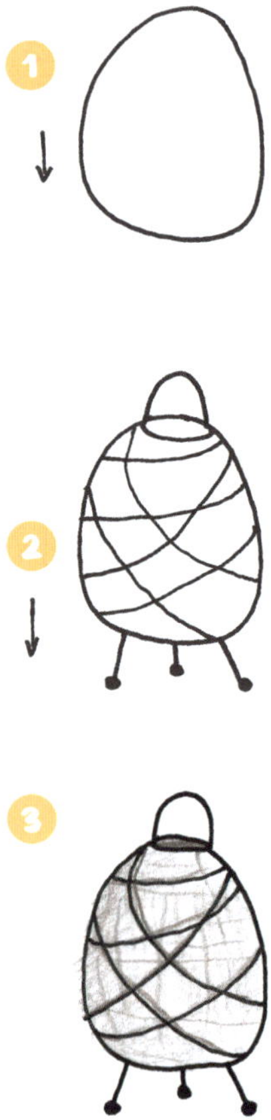

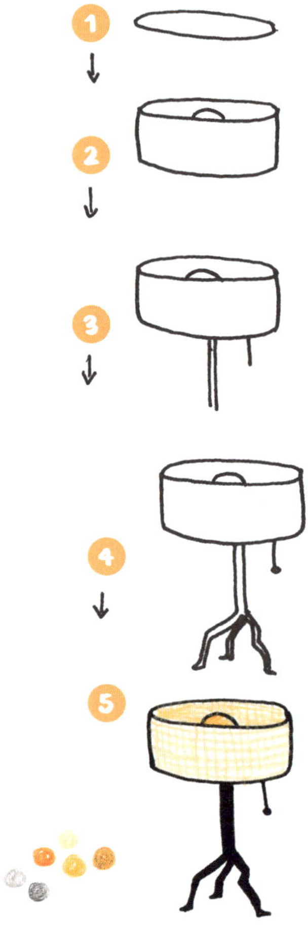

ESSAYEZ TOUTES SORTES DE COULEURS !

CARTABLE

サッチェル SATCHERU

DESSINEZ ET COLORIEZ !

LAMPE DE BUREAU

電気スタンド DENKI SUTANDO

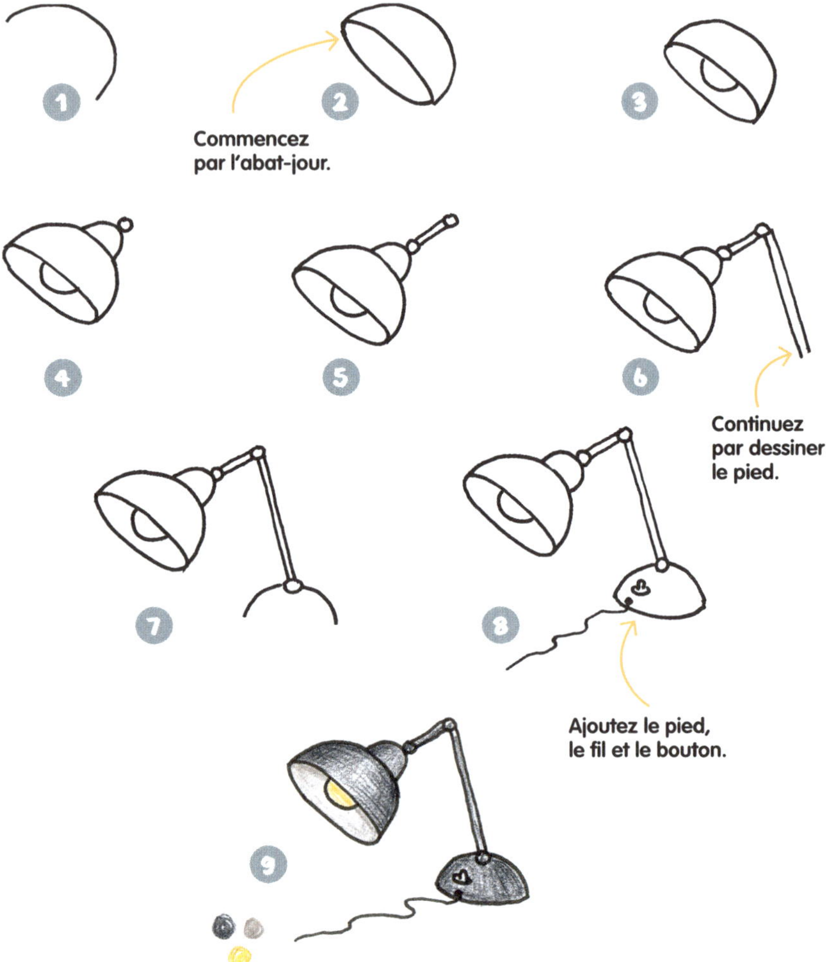

CRÉEZ VOTRE LAMPE !

USTENSILES DE CUISINE

調理器具 CHŌRI KIGU

DESSINEZ UNE BOUTEILLE THERMOS.

DESSINEZ UN AUTOCUISSEUR.

DESSINEZ UN BENTO.

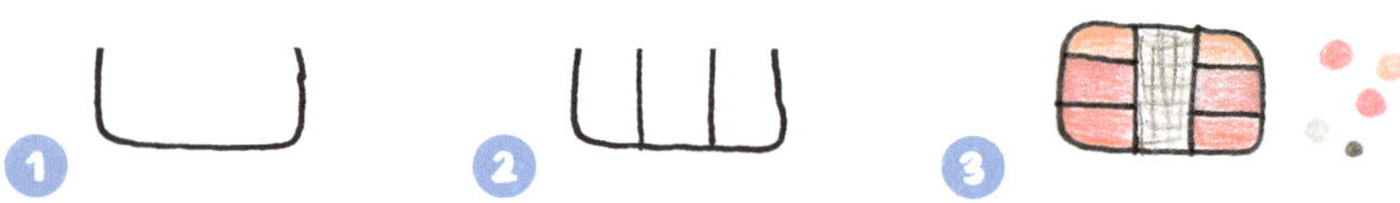

LÂCHEZ-VOUS !

SUSHIS, MAKIS ET ONIGIRIS

すし SUSHIS

マキ MAKIS

おにぎり ONIGIRIS

DESSINEZ UN SUSHI.

DESSINEZ UN MAKI.

DESSINEZ UN ONIGIRI.

BON APPÉTIT !

NOUiLLES

拉麵 RAMEN

1

2

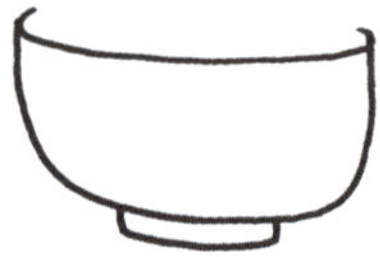

3

Commencez
par dessiner le bol.

4

5

Ajoutez des baguettes et
des formes dans le bol.

6

Faites des rayures
pour les nouilles.

7

ALLEZ, RÉGALEZ-VOUS !

ALIMENTS

食物 SHOKUMOTSU

HUM... C'EST BON !

BAGUETTES, BOL ET TASSE

BAGUETTES バゲット BAGETTO

BOL DE RIZ 丼 GOHAN DONBURI

TASSE カップ KAPU

DESSINEZ DES BAGUETTES.

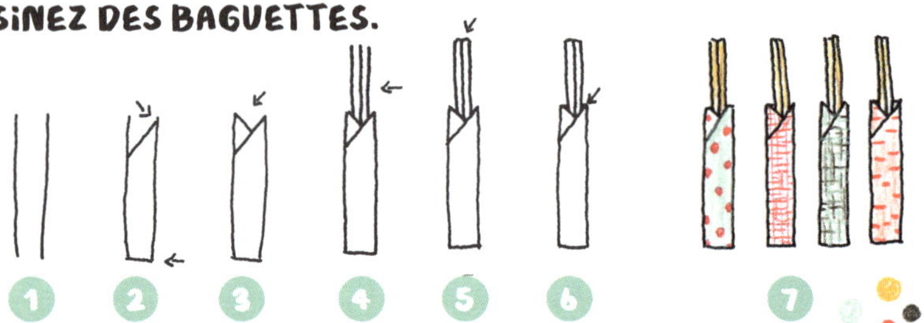

DESSINEZ UN BOL DE RIZ.

DESSINEZ UNE TASSE DE THÉ.

À VOUS !

PAPETERIE

文房具 BUNBŌGU

DESSINEZ UN CRAYON.

DESSINEZ UN POT DE COLLE.

DESSINEZ UN POT À CRAYONS.

DESSINEZ UN PINCEAU.

DESSINEZ UN CAHIER.

DESSINEZ UNE GOMME.

À VOS CRAYONS !

INSPIRATIONS

Associez et composez les kokeshi, motifs, animaux, pour créer des cartes de vœux, des marques-pages, des cartes postales...

NOM :

NOM :

JE T'AIME

Bisous

MERCI

Bonne année

BON ANNIVERSAIRE

Je pense à TOI

FÉLICITATIONS

Création, mise en pages : Sophie Villette
Édité par Hachette-livre
(58, rue Jean-Bleuzen, 92170 Vanves)

Dépôt légal : mars 2022
ISBN : 9782501166430
1120594
Imprimé en France chez Pollina